Was ich glaube

Arnold Mettnitzer

Was ich glaube

Überlegungen
& Überzeugungen

*Mit Bildern
von Gottfried Mairwöger*

styria premium

A

Anfang

nur leben
entwirft
vom leben
lebendige
bilder

Kurt Marti

Wer im Inhaltsverzeichnis zu diesem Buch eine Orientierungshilfe, vielleicht sogar einen „roten Faden" sucht, mag sich darüber
wundern, dass er dort nichts dergleichen finden kann. Lediglich
eine fein säuberlich alphabetisch gereihte Auflistung von Über-
schriften findet man hinten im Buch vor, die sich dem freien Spiel
von Zufälligkeiten verdankt.
Das hat mit jener eigenartigen Beliebigkeit zu tun, mit der auch
therapeutische Gespräche beginnen. Dabei werden die Gesprächspartner dazu eingeladen, frei assoziativ über all das zu erzählen,
was ihnen gerade durch den Kopf geht. Das geschieht im Vertrau-
en darauf, dass das gemeinsame Gespräch mit etwas Glück dorthin führt, wo im weiten Land der Seele die Wegkreuzungen für
wichtige Lebensentscheidungen liegen. Diese therapeutische Methode ist nicht neu und wurde auch nicht, wie viele meinen, von
Sigmund Freud erfunden. Um die Antwort auf wichtige Fragen
des eigenen Lebens zu finden, ist es eine uralte religiöse Praxis,
die Bibel an einer beliebigen Stelle aufzuschlagen und so lange zu
lesen, bis darin Ermutigung, Zuversicht und Trost gefunden werden können.

Mit dieser Art „Shuffle-Funktion", mit der auch auf Tonanlagen das Abspielen von Musikstücken dem Zufall überlassen wird, wollte ich auch hier versuchen, der Leserin und dem Leser den Inhalt dieses Buches anzubieten. Es besteht aus einer bunten Mischung von gefundenen literarischen Kostbarkeiten und daraus entstandenen persönlichen Gedanken und Überlegungen, deren Überzeugungsgrad keinen Absolutheitsanspruch erhebt. Denn immer wieder, wenn ich mich hinsetze, um aufzuschreiben, was mir seit ein paar Stunden oder Tagen so klar und gewichtig erscheint, will das Schreiben nicht gelingen und die vermeintlich so wichtigen Gedanken zerrinnen wie der Sand zwischen meinen Fingern ... Warum, so tröste ich mich dann, sollte nicht gerade das Schreiben Teil des Lebens sein, von dem John Lennon meinte, es passiere, während wir andere Pläne schmieden?

„Warum haben Sie kein Buch mehr geschrieben?", fragt „Schwester Maria" den Schriftsteller im Schlussteil des Films „La Grande Bellezza" von Paolo Sorrentino (2013). Er gibt ihr zur Antwort: „Ich suchte nach der großen Schönheit. Aber ich hab sie nie gefunden." Darauf fragt sie ihn: „Wissen Sie, wieso ich immer nur rot sehe?" – „Nein. Nein, wieso?", fragt er zurück. „Weil Wurzeln sehr wichtig sind!", gibt sie ihm zur Antwort. Während der beklemmenden Stille, die dieses Gespräch erzeugt, haucht „Schwester Maria" die Vögel an, die daraufhin auf und davon fliegen, so, als wollte sie damit sagen: „Wurzeln sind wichtig, aber was tu ich mit ihnen, wenn mir daraus keine Flügel wachsen?" Es sind die Worte, die wir zueinander sprechen und miteinander tauschen, die uns Mut machen und unseren Gedanken Flügel verleihen ...
Am Schluss dieses vielfach preisgekrönten Films weiß ich, wie ich mein Buch beginne: mit diesem inneren Grund fürs Schreiben. Mit dem Mut, Gedanken wie Vögel anzuhauchen in der Hoffnung, dass der eine oder andere sich aufmacht, davonfliegt, irgendwo landet und etwas bewegt. Schreiben kann nur in der Hoffnung gelingen, dass unter den vielen Gedanken, die wir täglich zu Gehör und erst recht zu Papier bringen, einer, wenn auch nur ein kleiner,

wäre, der in uns selbst und damit vielleicht auch in anderen Menschen etwas in Bewegung zu bringen vermag. Dann soll die Mühe des Schriftstellers beim Gedankenfischen im Wörter-See des Alltags nicht vergebens gewesen sein. Wer nämlich schreibt, sei es einen Brief, ein Buch, ein Tagebuch oder auch „nur" einen Brief, den er nie abschickt, macht damit zuallererst einen Weg in sein Inneres frei, dorthin, wo der Brei der alten, hin und her gewälzten Fragen liegt, deren beste Antwort auf diese Fragen präziser gestellte Fragen sind. Wer so durch sein Schreiben eine Spur in sein Inneres legt, mag dadurch vielleicht Gedanken entdecken, die auch den Weg zu seinen Leserinnen und Lesern finden. So betrachtet sollte der Titel dieses Buches nicht als Glaubensbekenntnis gelesen werden, sondern als eine persönliche Momentaufnahme ohne Absolutheitsanspruch.

Seit über zwölf Jahren wird mir immer wieder die Gelegenheit gegeben, im Österreichischen Rundfunk und Fernsehen Fünf-Minuten-Gedanken zu äußern, Überlegungen anzustellen und Überzeugungen zu präsentieren. Eine dieser Sendungen trägt den Titel dieses Buches: „Was ich glaube." Die Wahrheit, um die es mir dabei geht, ist kein erratischer Block ewiger Gültigkeit, vielmehr eine bunte Mischung bescheidener Gedanken, die zu artikulieren mir Freude bereitet und anderen vielleicht Mut macht, sich auch mit ihren kleinen und großen Gedanken herauszuwagen auf den Marktplatz des Meinungsaustausches, wo alte zu neuen Überzeugungen gelangen, diese wieder verworfen oder korrigiert, im besten Fall präzisiert werden. Je öfter ich das tue, desto deutlicher erkenne ich, dass ich damit ein Leben lang nicht ans Ende kommen kann. All das mag nicht mehr bedeuten, als uns gegenseitig einen Gedankenflohmarkt zu bereiten, der einen weiten, vielleicht sogar unterhaltsamen Bogen vom Ramsch bis hin zur raren Kostbarkeit einer plötzlich in der Leserin oder im Leser auftauchenden Überlegung zieht. Was ich glaube, was mir im Moment wichtig ist, mich trägt und innerlich stark macht, ist selten gesicherter Besitz. Meine kleinen und großen Überzeugungen sind täglicher Hinterfragung ausgeliefert, lassen mich immer wieder auch unsicher sein, ruhelos, skeptisch mir selbst und anderen gegenüber. Und wenn ich dann, wie jetzt, dasitze und über das, was ich glaube, schreiben möchte, fällt mir – wie dem Schriftsteller in Sorrentinos Film – zunächst nichts ein, was aufzuschreiben mir wertvoll erschiene. Wenn ich es trotzdem versuche, dann deswegen, weil das Schreiben eine Art Zwiesprache mit mir selbst bedeutet und eine Nachdenklichkeit auszulösen vermag, die mir über weite Strecken nutz- und zwecklos, aber tröstlich und sinnvoll erscheint. In solcher Paradoxie ist dieses Buch entstanden. Eine Zumutung, mögen einige sagen, vielleicht sogar im mehrfachen Sinn des Wortes. Mir jedenfalls bedeutet es den Versuch einer immer wieder fälligen Ordnung im Zettelkasten meiner persönlichen Notizen. Die lohnt sich genauso wie das gelegentliche Entrümpeln des Weinkellers. Auch dabei lassen sich im Laufe der Zeit vergessene und inzwischen hervorragend gereifte Kostbarkeiten entdecken.

Außerdem merke ich dabei immer wieder, wie einladend Kommunikation sein kann. Gefundenes, Wiederentdecktes mit anderen zu teilen und es gemeinsam zu genießen oder sich darüber den Kopf zu zerbrechen ist ansteckend. Darüber hinaus merkt derjenige, der sich hinsetzt und seine Gedanken zu Wort bringt sehr bald, wie viel er von dem, was er als sein Eigentum wähnt, anderen verdankt. Das Schreiben ist so gesehen auch und zuallererst ein ganz besonderer psychohygienischer Liebesdienst sich selbst gegenüber, gleichzeitig nimmt er dadurch Kontakt auf mit der ganzen Welt. Aber er tut es nicht in erster Linie, um von anderen gelesen zu werden, vielmehr in der Hoffnung, durch sein Schreiben für ein kleines Stück mehr innerer Klarheit sorgen zu können. Darüber hinaus will wohl jeder Mensch mit dem, was er tut, einen Beitrag leisten für die Schönheit in dieser Welt, in der er dazugehören und zeigen will, was ihn beschäftigt und bewegt. Wenn es ihm dabei gelingt, etwas von dem, was ihm wichtig ist und am Herzen liegt, aufzuzeigen, wenigstens anzudeuten, vielleicht sogar so ins Wort zu bringen, dass er während des Schreibens seine wahre Freude daran hat, dann bedeutet das noch lange nicht, dass ihm am nächsten Tag das alles nicht doch wieder nichtssagend vorkommt, der Mühe und Anstrengung nicht wert. Es gibt ja doch, wie der biblische Autor Kohelet anmerkt, nichts Neues unter der Sonne. Alles schon da gewesen. Aufgewühlt. Aufgeblüht. Verwelkt und hinweggefegt. Windhauch. „Alles nur Windhauch!" (Koh 1,2) Sorrentinos Film endet mit den Worten: „So hört es immer auf. Mit dem Tod. Davor aber war das Leben, begraben unter all dem Bla, bla, bla, bla, bla. Alles wird überlagert von Geschwätz und Lärm: Stille und Empfindsamkeit, Gefühl und Angst, die spärlichen unsteten Augenblicke von Schönheit. Und dann das trostlose Elend und der erbärmliche Mensch. Alles zugedeckt vom Mantel der Verlegenheit, auf der Welt zu sein. Bla, bla, bla, bla. Anderswo. Gibt es das Anderswo? Ich beschäftige mich nicht mehr mit dem Anderswo. Also: Möge der Roman beginnen! Im Grunde ist es nichts als ein Trick. Ja! Es ist nur ein Trick!"

Der Trick in diesem cineastischen Meisterwerk besteht darin, dass ein Mensch, der das tägliche Geschwätz als vergeudete Zeit entlarvt und geschriebene Zeilen als eitles Machwerk brandmarkt, trotzdem beginnt, dagegen anzuschreiben, in der Hoffnung, dass von dem, was er da schreibt, ein Funke bleibt, der das Geschwätz überdauert. Er will nicht für die Ewigkeit schreiben, er will auf der Suche bleiben nach einem Wort, das in einem anderen Menschen mehr auszulösen vermag als die Ödnis des Bla, bla, bla.

Während ich das schreibe, kommt ein Brief, von einem, der mir in langen Gesprächen großes Vertrauen geschenkt hat. Seine Zeilen machen mich glücklich: „Ich denke oft an dich und an die Zeit, in der du mich unterstützt hast. Mein Weg war steinig, aber jetzt glaube ich auf dem richtigen Weg zu sein, und ich arbeite wieder mit Begeisterung und Hingabe. Ich habe mich von alten Wertvorstellungen losreißen und in neue hineinbegeben können. Dafür bin ich unendlich dankbar." Wie gesagt: Es sind die Worte, die wir im Vertrauen zueinander sprechen und miteinander tauschen, die den Gedanken Flügel verleihen und uns damit, wie es in einem Gedicht von Hermann Hesse heißt, „neuen Räumen jung entgegensenden".

Augustin

Im siebten Wiener Gemeindebezirk, Ecke Kellermanngasse/Neustiftgasse, befindet sich der Augustinbrunnen, benannt nach dem Dudelsackpfeifer und Bänkelsänger Markus Augustin, der gegen Ende des 17. Jahrhunderts durch die Gassen und Lokale der Stadt zog und die Menschen mit Spiel, Gesang und oftmals auch derben Scherzen zu unterhalten wusste. Auf meinen Spaziergängen komme ich oft an diesem Brunnen vorbei. Schmunzelnd lese ich dort: „I wor hin, jetzt hobts mi wieda, drum hörts auf meine Lieder!" Zur Institution wird „Der liebe Augustin", als er im Jahre 1679 während der Pest trotzdem seinen Humor nicht verliert und anfängt, auch den nahen Tod und die damit verbundene Not zu besingen. Aber aus Angst vor der Ansteckung ziehen sich die Menschen aus den Lokalen zurück. Augustin singt und spielt in den einsamen Gassen und in leeren Gaststätten. Von den Wirten trotzdem verpflegt und vor allem mit Alkohol versorgt, trinkt er nicht selten mehr, als er verträgt, und bleibt auf dem Weg nach Hause auf offener Straße liegen. Dort finden ihn die Pestknechte: „Do schau her!", ruft einer und bekreuzigt sich dreimal. „Des is jo der Augustin! Wenn's den a scho erwischt hat, steht die Welt nimma lang!" Die Männer packen die vermeintliche Leiche auf den Wagen, den Dudelsack dazu, karren ihre Fracht zur Pestgrube nach St. Ulrich und kippen sie hinein. Als Augustin die Augen aufschlägt, weiß er nicht recht, wo er ist. Zuerst glaubt er, das Brummen, das er hört, komme aus seinem Schädel. Bald aber merkt er, dass er von Tausenden Fliegen umschwirrt wird. Und was für ein Gestank um ihn herum! Dass er so weich sitzt, macht ihn stutzig. Da ist ein Mensch unter ihm! Einer? Nein, ein ganzer Haufen, Männer, Frauen, Greise, Kinder – alle mit schwarzen Pestflecken übersät! Den Augustin packt die Panik. „I wü auße do!", schreit er. „Helft's ma! Hüüüüfe!!!" Doch niemand hört ihn. In seiner Verzweiflung greift er zum Dudelsack. „Der Augustin soll sterben, wie er g'lebt hat", sagt er zu den Toten. „Spü' auf!" Und so sitzt er in der Grube und spielt in seiner Angst ein Lied nach dem anderen …

Einige Kirchgänger bleiben verwundert stehen. Die Musik, die sie hören, kommt nicht aus der Kirche. Sie gehen den Klängen nach, finden Augustin in der Pestgrube und helfen ihm heraus. So jedenfalls erzählt es eine der vielen Auffindungsgeschichten. Dass er die Nacht unter all den Toten verbracht hat, ohne sich anzustecken, verbreitet sich wie ein Lauffeuer in Wien. Die Menschen schöpfen wieder Hoffnung. Augustin bleibt „pumperlgsund" und beweist damit, dass die Pest nicht unbesiegbar ist. Aus dieser Episode entsteht das Wiener Volkslied mit dem bekannten Refrain: „Oh, du lieber Augustin, Augustin, Augustin! Oh, du lieber Augustin! Alles ist hin!"

Augustins Geschichte mag makaber klingen, in ihr aber steckt viel Weisheit und viel vom sogenannten Wiener Gemüt. Der Wiener, wenn es ihn im Sinne Augustins noch gibt, liebt es, sich mit dem Tod zu beschäftigen, ihn als „Freunderl" zu besingen. Um sich den Tod vom Leib zu halten, trinkt er augenzwinkernd mit ihm „Bruderschaft"! In feinen oder gröberen humoristischen Nuancen finden wir das aber wohl sonst auch. Ein russisches Sprichwort etwa meint: „Was fürchtest du den Tod, Väterchen? Es hat noch keiner erlebt, dass er gestorben ist."
Mark Twain wundert sich, wozu wir eine Friedhofsmauer brauchen. „Die, die draußen sind, wollen nicht hinein, die, die drinnen sind, können nicht mehr hinaus. Wozu also eine Mauer?"
Zwei Lektionen bleiben den Wienern, die sie ihrem Augustin verdanken:
Erstens, es scheint sich in allen Situationen des Lebens zu lohnen, auch die andere Seite der Medaille anzuschauen. Gerade darin liegt ja die wohltuende Wirkung des Humors. Wer konfrontiert mit Bedrohung und Gefahr nicht vor Angst erstarrt, sondern „engagiert gelassen" bis zuletzt nach möglichen Auswegen sucht, hat zum Schluss die besseren Karten in der Hand. Humor hat, wer ihn auch angesichts des Todes nicht verliert. Augustin jedenfalls hat ihn als die beste Medizin gegen die Pest erfahren. Vielleicht liegt ja gerade darin auch der innere Grund für die Verbundenheit der

Wiener zu ihrem „lieben Augustin". Zweitens, Augustins Pestgru-
benerlebnis aus dem Jahre 1679 bestätigt auch eine Entdeckung,
die erst rund 200 Jahre später dem großen Chemiker und Mikro-
biologen Louis Pasteur (1822–1895) gelungen ist. Seine entschei-
denden Beiträge zur Vorbeugung gegen Infektionskrankheiten
fasst er in dem Satz zusammen: „Der Keim ist nichts, das Terrain
ist alles!"

B

Begeisterung

Das menschliche Gehirn wird so, wie es der Mensch benutzt, aber
ganz besonders so, wie er es mit Begeisterung benutzt. Was in seinem Gehirn mit Nachdruck hängen bleibt, hängt mit Erlebnissen
zusammen, die ihn berühren, bewegen, ihm „unter die Haut" gehen. Und hier tut sich schon ein erstes ernstes Problem auf: Viele
Menschen haben in ihrem Leben nicht nur die Begeisterung, sondern mit ihr auch die Lebensfreude verloren. Und weil ihnen in
der Folge nichts mehr unter die Haut geht, glauben sie sich den
Luxus der Begeisterung auch nicht mehr leisten zu können. Sie
haben sich wunderbar angepasst an das, was täglich von ihnen
verlangt wird. Dadurch haben sie sich selbst funktionalisiert. Sie
„funktionieren" nur mehr, und ihr glatter Panzer, mit dem sie sich
dabei umgeben, ist kaum noch durchdringbar. Bereits beim Erwachen wissen sie, was der Tag bringen und was an diesem Tag
zu vollbringen sein wird. Aber trotz allem befindet sich auch bei
diesen Menschen als wunderbar angepasste und stereotyp funkti-
onierende Zeitgenossen hinten auf dem Rücken eine kleine Stelle,
an der sie noch berührbar und damit auch verwundbar sind, die
Stelle, wo beim Bad des Siegfried im Drachenblut das Lindenblatt
gelegen hat. Dort steht geschrieben: „Es gibt kein gutes Leben
ohne Begeisterung!" Der Begriff „Begeisterung" ist in diesem Zusammenhang auch deshalb so wichtig, weil daran zu erkennen ist,
woran eine Gesellschaft, der nichts mehr nahegeht, besonders zu
leiden hat. Es fehlt vielen Menschen das innere Feuer, der Antrieb
und die Motivation, etwas, das sie bewegt und von innen her anrührt ...
Wo aber allzu lange nichts mehr passiert, erlischt das Leben, berührt uns das Unvorhergesehene, das Überraschende, das Wohltu-

end-Andere nicht mehr, das, wovon wir in glücklichen Momenten so gerne berichten und von dem wir dann sagen, dass wir nie gedacht hätten, solches (noch einmal) erleben zu können. Wo solche Erlebnisse nie stattfinden oder zur absoluten Rarität verkommen, ist es gut zu verstehen, dass Menschen, denen es an Begeisterung fehlt, krank werden. Wenn die WHO den westlichen Industriestaaten für die nächsten zwanzig Jahre den Anstieg von Angststörungen und depressiven Erkrankungen vorhersagt, dann kann die Schlussfolgerung daraus doch wohl nur lauten: Die Gesellschaft, in der wir leben, schreit geradezu nach Veränderung. Dabei geht es nicht um ein gemütlich-oberflächliches „Schau-ma-mal-dann-seh-ma-schon", sondern um unser aller nacktes Überleben. Der Umgang mit der Natur muss noch deutlicher ins Bewusstsein rücken, menschliches Miteinander in allen Lebensbereichen neu überdacht werden, die Behandlung von Kranken in einen größeren Zusammenhang gestellt und junge wie alte Menschen aus einer völlig neuen Perspektive betrachtet werden. Was eine seelisch gesunde Gesellschaft braucht, sind Beispiele des Gelingens, an denen deutlich wird, wie es gemacht werden kann und wie es anders gemacht werden muss, damit es gelingen kann.

Ein sozial hochkarätig wirksames Medikament lautet: Rede jeden Tag wenigstens einmal mit einem Menschen, der viel älter ist als du, und bemühe dich gleichzeitig, jeden Tag wenigstens einen Gesprächspartner zu finden, der weit jünger ist als du. Das Interesse an den Erfahrungen und Sichtweisen anderer Menschen macht uns reich, offen, hellhörig und weit. „Wir müssen füreinander Sorge tragen und füreinander da sein", sagte ein Indianerhäuptling. „Deshalb fragen wir uns bei jeder Entscheidung, die wir treffen, welche Folgen sie für spätere Zeiten hat und ob sie den kommenden Generationen nützt oder schadet. Wir arbeiten mühevoll auf unseren Feldern, von deren Früchten wir leben; genauso müssen wir jede Mühe auf uns nehmen, für die Menschen zu sorgen, die um uns sind – denn auch von ihnen leben wir."

Die Basis aller Begeisterung ist der richtige Geist

„Be-Geist-erung" lebt aus dem richtigen Geist. Und diesen Geist gibt es nur in Gruppen. Einer allein losgelöst und völlig isoliert von anderen Menschen kann sich nicht begeistern. Was also jeder Mensch, der sich für irgendetwas begeistern will/kann, dringend braucht, ist eine Gruppe, in der ein Gruppengeist gepflegt wird, der nicht nur toleriert und akzeptiert, sondern einlädt, aufmuntert, ermutigt, inspiriert und mitreißt.

Wenn es zur Ermöglichung von Begeisterung also den richtigen Geist braucht, und wenn sich dieser Geist nur in Gruppen finden lässt, dann ist es leicht zu verstehen, wie wichtig es für den einzelnen Menschen ist, sich immer wieder gründlich zu fragen, in welcher Gruppe von Menschen er sich aufhält, mit wem er sich umgibt, wem er täglich begegnet und davon (zunächst kaum bemerkbar, aber nach und nach unübersehbar) nachhaltig geprägt wird.

Geist gibt es in einer Familie, im Kindergarten, in der Schule, im Fußballverein, im Unternehmen, im Krankenhaus, in der politischen und religiösen Gemeinde. Alle diese Gruppen brauchen ihren ganz bestimmten Geist, denn ohne Geist gibt es keine Gemeinschaft, geschweige denn Begeisterung! Geist ist das, was Menschen verbindet und was den Rahmen bietet für die Erfahrung, die die Menschen in diesem System machen können. Wir sprechen deshalb ja auch vom „Familiengeist", vom „Gruppengeist", vom „Gemeinschaftsgeist", vom „Teamgeist" und der notwendigen „Be-Geist-erung" der einzelnen Gruppenmitglieder, die dafür Sorge tragen müssen/sollten, dass heiliger, heilender, guter Geist in den Gruppen bleibt und sich dort ausbreitet. Um diesen Geist, um den „guten Geist" muss man sich täglich kümmern, und wenn sich zu lange niemand darum kümmert, dann verschwindet, verkümmert dieser gute Geist und auf dem leer gewordenen Platz zieht der Ungeist der reinen Verwaltung, der „Verwaltungsgeist", ein.

Der Verwaltungsgeist nimmt dann nach und nach das System in Geiselhaft und bestimmt alles, was in der Gemeinschaft gemacht oder aber auch nicht mehr gemacht werden kann. Der Buchstabe des Gesetzes übernimmt das Kommando und der jetzt herrschende Geist gebiert als „Ungeist" neue Haltungen. Statt die Mitglieder zu fördern, erfolgt die Bedürfnisbefriedigung einzelner weniger, die es sich zu richten wissen. Was die Gruppenmitglieder dabei erleben, ist keine Ermutigung mehr, sondern das Erlebnis „verwaltet" zu werden. Aus dieser Erfahrung des „Verwaltet-Werdens" entsteht dann eine Haltung, die, um nur ein Beispiel zu nennen, aufseiten der Schüler meint, dass es die Aufgabe des Lehrers wäre, dafür zu sorgen, dass Schüler ohne Anstrengung möglichst schnell möglichst viel lernen. Dass mit einer solchen Einstellung das Lernen unmöglich wird, versteht sich von selbst! Oder es entsteht aufseiten der Lehrer die Hoffnung auf das baldige Ende des Unterrichts. Was dabei Lehrer mit Schülern noch miteinander verbindet, ist die Hoffnung, dass sie bald nichts mehr miteinander verbindet! Zu guter Letzt passt dann der Ungeist, der eingezogen ist, zu den Haltungen, die er selbst erzeugt hat. Das ist ein systemisches Problem, das nur schwer wieder aufzulösen ist, weil die beiden Seiten sich gegenseitig stabilisieren. Und dann kommt ein neuer Chef und will alles anders machen, aber er beißt sich dabei die Zähne aus!

Viele Visionäre und Lichtgestalten der Geschichte sind daran zerbrochen, dass sie zu schwach waren, für einen Geist zu sorgen, der ihren Visionen hätte Raum verschaffen können. So ist zum Beispiel Papst Hadrian VI. (1459–1523) alles andere als ein schwacher Mann gewesen, aber leider war er nicht stark genug, seiner visionären Kraft zum Durchbruch zu verhelfen. Mit seinem Wunsch, Luthers Reformideen aufzugreifen und sich mit ihm zu versöhnen, musste er scheitern. Die römische Kurie, sein unmittelbares Umfeld wusste dafür zu sorgen, dass seine Regierungszeit nach knapp zwölf Monaten zu Ende war. Für den Besucher seiner Grabstätte in der deutschen Nationalkirche Santa Maria dell'Anima in Rom, unweit der Piazza Navona, ist dieses geschichtliche Faktum pointiert formuliert in dem Satz zusammengefasst: „Ach, wie schade! Wie viel hängt doch davon ab, in welche Zeitumstände, in welche zeitgeistige Atmosphäre die Kraft auch des besten Menschen fällt!" Ein Gegenbeispiel dafür, was Gruppengeist zu fördern imstande ist, findet sich zehn Gehminuten davon entfernt im Pantheon. Dort befindet sich in einem antiken Sarkophag aus griechischem Marmor das Grab Raffaels (1483–1520), aus dessen Inschrift der Stolz seiner Zeit auf seine großen künstlerischen Leistungen abzulesen ist: „Dieser hier ist Raffael, von dem die Natur zeit seines Lebens fürchtete, übertroffen zu werden und jetzt, da er gestorben ist, glaubt sie, selbst sterben zu müssen." Alles, was geschieht, ereignet sich in den Koordinaten von Zeit und Raum. Aber es ereignet sich auch in der Atmosphäre eines ganz bestimmten Geistes, der einlädt und beflügelt oder aber verhindert und zerstört, und darüber entscheidet, ob diese Koordinaten von Raum und Zeit auch zu Glückskoordinaten werden konnten.

Beten

Gemeinsam zu beten ist mir seit früher Kindheit vertraut. Samstagabends saßen wir um den Küchentisch, vor allem zu den großen Festtagen wie Weihnachten und Ostern. Besonders lang und gründlich wurde zum Jahreswechsel gebetet. „Danken für das alte Jahr und bitten um ein glückseliges neues Jahr!" So habe ich die Stimme meiner Mutter im Ohr. Unvergesslich auch unser Beten in der Familie bei Unwettern. Nach der Montage eines Blitzableiters hat das Rosenkranzgebet bei Unwettern allerdings stark nachgelassen, ganz verschwunden aber ist es in meinen Kindertagen nie. Mein persönliches Beten kennt auch heute noch drei Blickrichtungen: nach vorne, nach oben und zurück. Lehrmeister dazu war mir schon zu Schulzeiten der Volksmund: „Drei Blicke tu zu deinem Glück: vorwärts, aufwärts und zurück!" Beten bedeutet für mich, zum Ausdruck zu bringen, was in mir vor sich geht. Bitten und Danken, Frohlocken und Singen, Weinen und Klagen, das alles ist ein menschliches Grundbedürfnis. „Orare", das lateinische Wort für „beten", bedeutet ja im Grunde nichts anderes als „den Mund auftun" und zum Ausdruck zu bringen, was im Innersten vor sich geht.

Jeder Mensch verdankt sich anderen, er steht auf den Schultern derer, die vor ihm waren und ohne die er nicht auf der Welt wäre. Wer nicht zurückschaut, wer sich um die Wurzel seiner Existenz nicht kümmert, wer so tut, als wäre er ewig aus dem Nichts gekommen oder gar das Produkt seiner selbst, wird im tiefsten Sinn des Wortes „rücksichts-los". Der Blick zurück ist eine der drei Grundrichtungen menschlichen Daseins. In diesem Blick zurück ist das „Danken", das bewusste „Daran-Denken" (aus diesem Wort hat sich das deutsche Wort „danken" entwickelt) die eine der drei Grundmelodien des Menschen, wenn er seinen Mund auftut und artikuliert, was in ihm vor sich geht. Die zweite Grundrichtung menschlichen Daseins ist der Blick nach vorne und die daraus resultierende Grundmelodie die Bitte. Menschsein heißt zu wissen, dass wir aufeinander angewiesen bleiben. Niemand kann sagen, was morgen sein wird, was von seinen Wünschen und Vorsätzen in Erfüllung geht. Wer glaubt, alles selbst leisten und niemanden um etwas „bitten" zu müssen, wer das Vertrauen nicht kennt, anderen etwas überantworten zu können, weiß nichts von einem großen Teil der Schönheit des Lebens. Ein armer Teufel, wer das „Bitten" verlernt hat und schließlich stattdessen eine Versicherung abschließt. Schon seit Jahren stelle ich mir die Frage, was ich eigentlich versichere, wenn ich in der momentan so eklatant unsicheren weltwirtschaftlichen Gesamtlage eine „Lebensversicherung" abschließe. Was versichern uns Versicherungen? Je unsicherer die Wirtschaftslage, desto höher die Versicherungssumme. Im Grunde versichern wir unsere eigene Verunsicherung und auf diese schließen wir dann noch eine sogenannte „Rückversicherung" ab.

Die dritte Grundrichtung menschlichen Daseins ist der Blick „nach oben". Die daraus resultierende Grundmelodie sind Jauchzen vor Freude, Singen, Tanzen und Springen, „Außer-sich-Sein".

Ihren Gipfel erreicht diese dritte Grundmelodie, wenn es einem Menschen die Sprache verschlägt, wenn er mit offenem Mund und wie angewurzelt vergebens ums Wort ringt und staunt. Wer staunt, gerät nicht in Gefahr, sich mit Gott zu verwechseln. Ihm fehlen die Worte, sein Mund bleibt offen, staunen nur kann er und staunend sich freuen ...

Benedikt und Ignatius

Was mich in meiner Zeit als Seelsorger bei Gottesdiensten immer wieder besonders beeindruckt hat, waren beim Austeilen der Kommunion mir entgegengestreckte, offene, von schwerer Arbeit gezeichnete Hände.

„Ora et labora" (bete und arbeite!): Mit diesen drei Worten bringt es die Ordensregel des Benedikt von Nursia auf den Punkt. Die von Ignatius von Loyola rund tausend Jahre später daraus abgeleitete, geradezu tiefenpsychologisch relevante Formel lautet: „Bete, als hinge alles von dir ab, handle, als hinge alles von Gott ab!" Dieses Leitmotiv des Ignatius wird oft falsch zitiert, ist dadurch dann zwar leichter nachvollziehbar, bleibt aber weit hinter dem Kern der ursprünglichen Aussage zurück und klingt im Vergleich dazu banal: „Bete, als hinge alles von Gott ab, handle, als hinge alles von dir ab!" Im Grunde lässt sich das auch mit einem anderen geflügelten Wort zum Ausdruck bringen: „Hilf dir selbst, dann hilft dir Gott!" Ignatius aber wollte „mehr", und dieses „magis" besteht für ihn nicht darin, mehr zu tun, sondern darin, bei den vielen Angeboten und Möglichkeiten die richtige Entscheidung zu treffen. Denn, so sagt er, man hätte es ja nicht einfach damit zu tun, zwischen „gut" und „schlecht" zu unterscheiden, sondern zwischen dem einen Guten und dem anderen. Wie oft würden wir am liebsten beides tun! In solchen Situationen der Unsicherheit entdeckt Ignatius „magis" als Entscheidungshilfe. In seinem „Exerzitienbüchlein"[1], das ich (obwohl dafür von vielen Psychotherapeuten milde belächelt) für ein psychokriminologisches Meisterwerk halte, entwickelt er eine Methode, in Lebensentscheidungsfragen, an wichtigen Wegkreuzungen des eigenen Lebens sich einem dreißigtätigen Nachdenkprozess auszusetzen, um auf dieser Basis die zentralen Fragen des Lebens nicht durch „Vielwissen", sondern durch das „Verkosten der Dinge von innen her"[2] zu beantworten. Beten und Arbeiten erscheinen so betrachtet als die beiden Grundhaltungen eines Menschen. Durch Kontemplation und Aktion, kraft seiner geistigen und körperlichen Arbeit bleibt er so auf der Suche nach seinen unverwechselbaren Weltmitgestaltungsmöglichkeiten. Bei all seinen persönlichen Begabungen vergisst er aber nicht, dass diese ihm zuallererst geschenkt sind. Darum schreibt Paulus den Korinthern: „So soll keiner sich wichtigmachen für den einen und gegen den anderen. Denn wer gibt dir Vorrang? Was hast du, das du nicht empfangen hättest? Wenn du es aber empfangen hast, warum rühmst du dich, als hättest du nicht empfangen?" (1 Kor 4, 6–7 in der Übersetzung von Fridolin Stier)

Blau

Blau ist meine Lieblingsfarbe. Sie bewirkt von allen Farbempfindungen die tiefste Beruhigung. Experimente beweisen, dass bei längerem Betrachten von Dunkelblau die Atmung langsamer wird, der Puls abnimmt und der Blutdruck sinkt. Wassily Kandinsky hat das Blau als „konzentrische Bewegung" beschrieben und gemeint, dass diese Farbe vom Mitmenschen weg ins eigene Zentrum führe. In allen Ländern Westeuropas, ja sogar der gesamten westlichen Welt ist die Farbe Blau seit mehreren Jahrzehnten die am häufigsten getragene Modefarbe. Sie wird es vermutlich noch lange bleiben, meint Michel Pastoureau, dessen Buch „Blau. Die Geschichte einer Farbe" 2013 in deutscher Sprache erschienen ist.[3] Der Himmel und das Meer, die tiefsten unserer Betrachtung zugänglichen Räume, erscheinen uns blau. Das macht Blau auch zur Farbe des Fernwehs. So wird „blau" auch oft gebraucht, um etwas

Fernes, Unbestimmtes zu bezeichnen. „Ins Blaue hineinreden", sagen wir, und meinen damit „ohne jeden Plan und Zweck". In unserer Sprache kennen wir „eine Fahrt ins Blaue" und vor allem den Wunsch, einmal „blau" zu machen und nicht zu arbeiten. Andererseits verwenden wir die blaue Farbe aber auch, um Ausreden und Lügenmärchen zu umschreiben: Schon im 16. Jahrhundert war von „blauen Argumenten" die Rede. Heute sagen wir dazu, dass einer „das Blaue vom Himmel herunterlügt" oder aber, dass einer den anderen anlügt, „dass er blau wird". Wenn der Briefträger einen „blauen" Brief bringt, bedeutet das meistens nichts Gutes, ebenso, wenn einer „vom blauen Affen gebissen" wird. Positiv besetzt hingegen ist das Himmelblau als Gegensatz zum Alltagsgrau.

In unserem Wortschatz ist „blau" zu einem Zauberwort geworden, zu einem Begriff, der verführt, der beruhigt, der zum Träumen einlädt. Der Klang des Wortes allein schon ist schön, sanft, angenehm, fließend. Wir denken dabei ans Meer, den Himmel, Erholung, Liebe, Reisen, Urlaub und Unendlichkeit. Und das gleich in mehreren Sprachen: bleu, blue, blu, blau – überall klingt es poetisch und beruhigend ... Eine der wesentlichen Eigenschaften der Farbe Blau liegt darin, dass sie ruhig ist und kein Aufsehen erregt, friedlich, fast neutral erscheint. In der Romantik regt sie zum Träumen an, heute ist die Farbe an Krankenhauswänden und als Bluebox im Fernsehen beliebt. Blau ist nicht lästig, verstößt gegen nichts, vermittelt Sicherheit und verbindet. Viele große internationale Organisationen haben gerade deshalb die Farbe Blau als ihre Farbe gewählt: die UNO zum Beispiel, die UNESCO, der Europarat und die Europäische Union. Die Farbe Blau wurde so nach und nach zu einer internationalen Farbe mit dem Auftrag, den Frieden und das Verständnis unter den Völkern zu fördern.

C

Carnuntum

Am 11. November 308 findet in Carnuntum unter der Leitung von Diokletian die sogenannte „Kaiserkonferenz" statt. Die dabei neu aufgeteilten Machtverhältnisse im Römischen Reich etablieren eine Viererherrschaft („Tetrarchie") mit Galerius als Augustus und mit Maximinus als Caesar im Osten sowie mit Licinius als Augustus und Konstantin als Caesar im Westen. Zweieinhalb Jahre später, am 30. April 311, erlässt Galerius das „Toleranzedikt von Nikomedia" und anerkennt damit das Christentum als *religio licita* und duldet damit offiziell als erster Kaiser das Christentum. Zwei Jahre danach verfassen Konstantin und Licinius gemeinsam die „Vereinbarung von Mailand", welche als sogenanntes „Mailänder Toleranzedikt" im Römischen Reich die Freiheit der Glaubensentscheidung für alle Religionen bedeutet. Somit hat sich vor über 1700 Jahren innerhalb kurzer Zeit durch die Kaiser von Carnuntum ein unvorstellbarer Wandel vollzogen, der unsere Welt und unsere Kultur radikal verändert und bis zum heutigen Tag geprägt hat. Religiöse Toleranz hat also schon sehr frühe Wurzeln, wenngleich ein kurzes Gedächtnis. Als nämlich das Christentum 381 n. Chr. unter Theodosius im Römischen Reich zur Staatsreligion erklärt wird, ist die Dankbarkeit über die Auswirkungen des Toleranzediktes vergessen. Die vor 313 verfolgte Kirche wird rasch zur eifrigen Verfolgerin der Un- und Andersgläubigen.

Der von Galerius, Konstantin, Licinius und Maximinus in Carnuntum gelegte Grundstein für religiöse Toleranz hat durch die momentan in Europa ankommende Flüchtlingswelle eine neue Aktualität erhalten. Immer öfter höre ich, dass wir in Europa aufpassen müssten, nicht von anderen Religionen „überschwemmt" zu werden. Moslems zum Beispiel, sagte mir vor Kurzem jemand, hätten Kinder, wir dagegen Hunde. Es wäre also nur mehr eine Frage der Zeit, bis die Christen in Europa in der Minderheit wären. Ich halte dagegen, selbst auf die Gefahr hin, von meinen Leserinnen und Lesern ob meiner „Blauäugigkeit" milde belächelt zu werden, dass in diesen Fragen wie auch sonst so oft, die Angst zwar die stärkere, aber immer die schlechtere Ratgeberin ist. Wenn Menschen aus purer Not und tiefster Verzweiflung nach Europa flüchten, werden wir weiterhin gut beraten sein, uns gerade diesen Menschen gegenüber in erster Linie als Menschen zu erweisen und ihnen so gut es geht behilflich zu sein. Damit geben wir diesen Menschen die Hoffnung auf eine bessere Welt zurück. Aber: Nicht nur wir sind ihre Hoffnung, auch sie sind unsere! Diese Menschen geben uns die Chance, von ihren Traditionen und religiösen Überzeugungen zu lernen und dadurch unseren Horizont zu erweitern. Erst wenn ein Mensch die Gelegenheit bekommt, seine innersten Gefühle zum Ausdruck zu bringen, und sich in seiner religiösen Praxis wertgeschätzt, geachtet und gefördert fühlt, erst dann wird er spüren, dass er hier als Mensch willkommen ist. Niemandem wird dadurch etwas weggenommen. Im Gegenteil. Praktizierte religiöse Toleranz bedeutet Bereicherung und Horizonterweiterung auf beiden Seiten. In Österreich gibt es derzeit sechzehn staatlich anerkannte Kirchen und Religionsgemeinschaften. Sie nehmen einander nichts weg, und schon gar nicht denjenigen, die keiner dieser Gemeinschaften angehören.

Fragt man Buddhisten nach ihrer Ansicht über die Bedeutung von Religion, so antworten sie sinngemäß, dass derjenige, der seiner eigenen Religionsgemeinschaft Ehre erweist und aus Anhänglichkeit der eigenen Religion gegenüber andere Gemeinschaften verachtet, in Wirklichkeit damit seiner eigenen Gemeinschaft schwersten Schaden zufügt. Religion ist Herzenssache. Religion ist eine Sache der Intimität jedes einzelnen Menschen. Und Menschen zu ehren bedeutet immer auch, ihre religiösen Gefühle zu achten und sie zu fördern. Wer sich heute rund 1700 Jahre später an die Kaiserkonferenz von Carnuntum erinnern lässt, mag stolz sein auf die frühen Wurzeln der Achtung, des Respekts, der Toleranz Andersdenkenden und Andersfühlenden gegenüber, er mag aber nach dem gründlichen Studium der Geschichte vorsichtig geworden sein und sich fragen, was religiöse Toleranz in seinem persönlichen Umfeld heute bedeutet und wie sie dort gelebt wird! Ich bin (leider) überzeugt davon, dass in diesem Zusammenhang in Mitteleuropa zumindest mehr (vertröstende) Worte gemacht als (konkrete) Taten gesetzt werden. Aus ganzem Herzen aber freue ich mich über Menschen, die, wo auch immer in der Welt, durch ihren engagierten Einsatz diese meine Vermutungen in beeindruckender Weise zu widerlegen imstande sind.

Christine Lavant

Am 4. Juli 2015 jährte sich zum 100. Mal der Geburtstag von Christine Lavant. Vom Fluss des Tales leiht sie sich ihren Künstlernamen. Mit ihrem bürgerlichen Namen heißt sie Christine Holdernig, geb. Thonhauser. In ihren Gedichten und Prosatexten durchwandert sie die ganze Welt samt Himmel und Hölle, in ihrem Leben aber verlässt sie das Lavanttal fast nie. Mit den Menschen in ihrer Umgebung spricht sie im Dialekt. Von Kindheit an mit Krankheit geschlagen, von kaum jemandem wirklich verstanden, bleibt ihr, so scheint es, als einzig verlässlicher Partner nur ein verborgener Gott, gegen dessen Schweigen sie ankämpft mit der unerhörten Sprache einer vom Leben und Leiden Geplagten. Sie ruft, bittet, klagt, stellt Fragen, wartet, so scheint es, vergeblich auf Antwort, will aber, wie der biblische Hiob, durch alle Bedrängnis hindurch nicht von Gott los, sie will nur wissen, was mit Gott los ist. Dabei zeigt sie sich in ihrer Zwiesprache mit ihm als ebenbürtige Gesprächspartnerin in Augenhöhe, selbstbewusst, unerschrocken und mit heiligem Zorn, nicht demütig, ergeben und dem Schicksal ausgeliefert, sondern leidenschaftlich und punktgenau in ihrer Wortwahl. Sie sucht, findet aber nicht, sie

ruft, niemand scheint ein Ohr für sie zu haben. „Hören, hören! –
O du mein Gott – nur Taube wissen, wie Hören tut, und warten im
Eisblock des Schweigens auf dein lebendiges Wort",[4] formuliert sie
in einem ihrer Gedichte. Mit neunzehn Jahren scheitert ihr erster
Versuch, freiwillig aus dem Leben zu gehen. Sie bleibt und kämpft
weiter mit ihrer feinen, zärtlichen Wahrnehmungsfähigkeit. Ihr
scharfer Verstand nährt sich an ihrer immensen Belesenheit. Einer ihrer Lieblingsautoren, den sie im Rucksack durchs Lavanttal
trägt, ist Rainer Maria Rilke. Er spricht gegen jede Psychothera-
pie die Warnung aus, dass man Dichtern erst recht die „Engel"
austreibe, wenn man ihnen die „Teufel" nehme. Diese künstlerische Verteidigung der Krankheit weiß darum, dass man die „süße
Melancholie" der Krankheit „melken" kann. Diese Melancholie,
die wir heute „Depression" nennen, kann Christine Lavant noch
„melken". Der bloße Misanthrop oder Hypochonder kommt über
die Grenze seines „An-sich-selber-Leidens" nicht hinaus. Sie aber
vermag ihr Leiden in die Wortbilder ihrer großen Lyrik umzusetzen, schreibt sinngemäß Hans Weigel als Herausgeber eines Buches über sie.[5]
In einem Brief an ihre Freundin Ingeborg Capra-Teuffenbach
schreibt sie Mitte Jänner 1948: „Wir befinden uns auf Erden u. zw.
ganz u. gar auf Erden u. alles, was wir vom Himmel wollen, muß
hier vor sich gehen. Deshalb ist jede Begegnung so wichtig, jedes
Menschenwort so ausschlaggebend. Jede Güte mehrt den Himmel
auf Erden."[6]
Und am 19. Juli 1948: „Wasser sollen wir einander sein, worein
wir unsere alle fremde Landschaft legen, damit wir sie endlich zu
sehen bekommen, lange zu sehen, solange, bis wir darin daheim
sind, so sehr daheim, daß wir sie abends betreten mögen, leise am
Saum eines Waldes, der innen vielleicht eine Wiese enthält, in deren Mitte unsere Rindenhütte steht. Denn: wir brauchen Obdach!
Und wir müssen alle so lange gehen, bis wir es einmal haben, das
ganz Unsrige, das Unverlierbare."[7]
Das ist das Großartige im literarischen Werk der Christine Lavant:
Aus der Ohnmacht ihrer Verzweiflung wachsen die bedeutendsten

Texte deutschsprachiger Literatur. Sie alle atmen die Sehnsucht nach Liebe, nach unverlierbarer Bleibe. In der Schlusszeile eines ihrer Gedichte heißt es:

Du weißt, ich brauch kein Himmelshaus
zeig mir das Obdach einer Maus
bevor der Tag mich steinigt.[8]

Am 3. Juni 1973, kurz vor ihrem 58. Geburtstag, stirbt Christine Lavant in Wolfsberg an einem Schlaganfall. Was von ihr bleibt, ist ein beeindruckendes literarisches Vermächtnis. Die poetische Tiefe ihrer Lyrik und ihrer (bisher viel zu wenig beachteten) Prosatexte atmen alle die abgrundtiefe Sehnsucht nach einem „Fünklein Liebe".[9]

Constantin Rudolf

Am 22. August 2015 um 4:57 Uhr hat Constantin Rudolf das Licht der Welt erblickt. Er ist gerade einmal neun Stunden alt, als Jutta und ich ihn besuchen, vor ihm niederknien und ihn mit einem behutsamen Kuss an die Wange in unserer Welt willkommen heißen. Noch wagen wir es nicht, ihn in unsere Arme zu schließen und ihn an unsere Brust zu nehmen, so majestätisch klein und in himmlischer Ruhe liegt er da vor uns. Schon bei der elektronischen Nachricht über seine Geburt muss ich an das schöne Wort von Anton Wildgans denken: „Wer bist du, Mensch, dass du nicht niederknien müsstest vor dem neuen Menschen!?"
Hier ist er also, dieser neue Mensch, einer, der gerade beginnt, so wie wir alle einmal begonnen haben, einer, von dem der Wandersmann aus Nazareth seinen Begleitern sagt, dass sie den Himmel nie begreifen könnten, wenn sie nicht würden und blieben wie er, hilflos, klein, angewiesen auf andere und dabei im Augenblick seiner Geburt schon so geheimnisvoll groß, ein Wesen in Fülle. Wunderbare Paradoxie des Lebendigen: Der Himmel besucht die

Erde, im Kleinen zeigt sich das Große, in seiner Schwachheit liegt seine Kraft.[10]

„Staunen nur kann ich und staunend mich freuen!" Ein einzigartig wunderbar-lebendiges Geschenk liegt vor mir, das alles bereits in sich trägt, was später aus ihm noch werden wird. Zum Abschied muss ich Constantin Rudolf ein Kreuz auf die Stirn zeichnen, nicht um ihn zu segnen, sondern um mich von ihm segnen zu lassen. Deutlicher nämlich spricht der Himmel nie zu den Menschen als durch die Geburt eines Kindes.

D

Dädalus und Ikarus

In einer Fülle von Bildern der Künstlerfamilie Brueghel erzählt das Kunsthistorische Museum in Wien Menschengeschichten. Ein Archetyp der abendländischen Malerei ist Pieter Brueghel des Älteren „Großer Turmbau zu Babel" (1563). Ein weiteres seiner Werke führt in die griechische Mythologie: „Landschaft mit dem Sturz des Ikarus." Dädalus und Ikarus versuchen dem Labyrinth des Minotaurus zu entfliehen. Die gelungene Flucht des Vaters ist aber nicht das Hauptthema. Das Interesse gilt Ikarus, der mit seinen Flügeln der Sonne zu nahe kommt und ins Meer stürzt ... Die Grenzerlebnisse sind es, die uns leben lassen, die Suche danach, unseren Horizont zu erweitern, treibt uns an. Unsere Aufmerksamkeit konzentriert sich dabei vor allem auf das Neue, auf die Weltpremiere, auf das „So-noch-nie-Dagewesene", das vor allem dann interessant ist, wenn bis zum Schluss mit dem Scheitern zu rechnen ist. Pieter Brueghels Bild zeigt den stürzenden Ikarus klein im Hintergrund. Im Vordergrund pflügt ein Bauer sein Feld und ein Hirte blickt zum Himmel, so als wolle der Maler zum Ausdruck bringen, dass unabhängig von dem, was hier geschieht, die Erde sich weiterdreht. Der Lauf der Natur bleibt vom Einzelschicksal unbeeindruckt.

Am 20. Juli 1969 schaffen es Armstrong, Aldrin und Collins, sich der Sonne zu nähern und auf dem Mond zu landen. Um 21:17 Uhr MEZ setzt die Landefähre „Eagle" auf der Mondoberfläche auf. Sechs Stunden später, am 21. Juli 1969 um 3:56:20 Uhr MEZ, betritt Neil Armstrong als erster Mensch die Mondoberfläche. Es ist der bislang bedeutendste Moment in der Geschichte der Raumfahrt. „Ein kleiner Schritt für einen Menschen, ein großer Schritt für die Menschheit!" Armstrongs Satz wird zum geflügelten Wort, das bei der Fernsehübertragung der Mondlandung rund 600 Millionen Menschen live miterleben.

Ich bin damals knapp siebzehn Jahre alt. Unser Nachbar weckt mich und meine Brüder um drei Uhr nachts. Staunend sitzen wir vor dem einzigen Fernsehgerät weit und breit. Seither fühle ich mich als Weltbürger, der, wenn er nur will, Anteil nehmen kann an dem, was „draußen" in der Welt vor sich geht. Seither fasziniert mich ein Denken aus der Vogelperspektive, das sich einen Überblick zu schaffen vermag und sich nicht von allzu vielen Kleinigkeiten in Geiselhaft nehmen lässt. In dieser Zeit bin ich Gymnasiast in Wien. Und ich erinnere mich an Pater Suso Braun, einen damals bekannten Rundfunkprediger, der in der Pfarrkirche Maria Hietzing in Wien die menschliche Leistung der Mondlandung hervorhebt, dabei aber auch vor dem Schicksal des Ikarus warnt und seinen Zuhörern die Winzigkeit des Menschen vor Augen zu führen versucht. „Vom Weltall aus betrachtet", führt er aus, „ist die Erde ein stecknadelkopfgroßes Etwas. Auf diesem kleinen Stecknadelkopf stehst du in der Früh vor dem Spiegel und kämmst dir deine Haare. Wie lächerlich!" Uns Jugendliche beeindruckt das damals nicht sehr. Wir sind ganz von der Größe des menschlichen Eroberungsgeistes und seinen Möglichkeiten in den Bann gezogen. Heute aber denke ich immer wieder einmal an Suso Brauns Gedanken. Er vergisst nicht, wenn er von Dädalus erzählt, auch an Ikarus zu erinnern. Beide wollen hoch hinaus. Der eine in die Freiheit, der andere in die Unendlichkeit. Dem einen gelingt sein Vorhaben, der andere scheitert. Jeder Mensch kennt beides. Dädalus und Ikarus stehen für archetypische Erfahrungen, an denen der Mensch zum Weltbürger reift. An der Dädalus-Erfahrung erweitert er seinen Horizont und findet durch Grenzüberschreitung seinen Weg in die Freiheit. Durch die Ikarus-Erfahrung reift er, indem er lernt, zu den Irrtümern in seinem Leben zu stehen, sein Wachstum und seine Identität gerade auch daraus zu begreifen.

Als Juri Gagarin von seiner ersten Weltraumexpedition zurückkehrt, sagt er triumphierend, er habe da oben Gott nicht finden können. Das wohl auch deshalb, weil er danach auch gar nicht gesucht hat. Ich kann den Kosmos durchfahren und berauscht von den technischen Möglichkeiten nichts finden. Ich kann aber auch auf dieser Fahrt, je mehr ich nachdenkend mir meiner Kleinheit bewusst bleibe, vor lauter Staunen ganz außer mir sein, wie schön, geheimnisvoll und groß diese meine Welt ist. Was ist das für eine Welt? Welcher gigantische Geist steckt da dahinter? Und mehr noch: In dieser Welt, in diesem Kosmos gibt es auch einen Platz für mich. Das ist der andere Zugang! Der Mensch wird nie aufhören, seinen Horizont zu erweitern und die Grenzen, an die er gerät, überwinden zu wollen. Wir sind und bleiben „Horizont-Überschreiter", Neugierige bis zum letzten Atemzug. Die Aufgabe des Menschen scheint darin zu bestehen, Mut zu machen, Mauern niederzureißen und Zäune zu überspringen. Seit der Landung des ersten Menschen auf dem Mond ist in den Köpfen vieler Menschen vieles möglich geworden. Horizontüberschreitung bedeutet aber nicht nur hoch hinauszuwollen, es bewirkt bei Menschen mit Herz auch eine neue Kultur, mit beiden Beinen auf dem Boden zu bleiben.

Dankesrede
anlässlich der Verleihung des Berufstitels „Professor"
am 29. April 2013 im Bundesministerium für Unterricht,
Kunst und Kultur in Wien

Thomas Bernhard erzählt, wie er sich auf dem Weg zur Verleihung des Grillparzer-Preises im „Sir Anthony" am Kohlmarkt einen neuen Anzug kauft, diesen dann aber als doch nicht ganz passend nach der Feierstunde und dem anschließenden Essen in der „Gösser Bierklinik" dem Herrenmodengeschäft zurückbringt und gegen einen um eine Nummer größeren eintauscht …
Wir acht heute hier geehrten Kandidatinnen und Kandidaten sind in gut passenden festlichen Gewändern angetreten, um ehrenvolle Auszeichnungen entgegenzunehmen. Wir sehen darin nicht nur

routinemäßig vollzogene und nobel umschriebene Alterserscheinungen, sondern in erster Linie Anerkennung und Wertschätzung für bisher erbrachte Leistungen.

Es ist mir eine besondere Freude, dafür in unser aller Namen DANKE zu sagen: dem Herrn Bundespräsidenten, der Frau Bundesministerin mit ihren Mitarbeiterinnen und Mitarbeitern, allen voran Ihnen, Herr Sektionschef Kurt Nekula, Frau Dr. Andrea Freundsberger für die akribische Ausarbeitung der Vorstellung der Auszuzeichnenden und Ihnen, Herr Amtsdirektor Dieter Rath, der Sie uns „die Frohe Botschaft" der heutigen Ehrung überbracht haben.

Aber ganz besonders und vor allen anderen gilt unser Dank den Menschen, durch deren Vorschlag und Initiative diese Auszeichnungen für uns in die Wege geleitet wurden. Ihre Wertschätzung und Initiative verdient nicht nur deshalb ein besonderes Danke, weil wir dadurch zu Ehren kommen, sondern weil das Mitdenken und Mitfühlen die Basis allen menschlichen Miteinanders ist. Nach nichts, sagen die Gehirnforscher, hätte der Mensch mehr Sehnsucht als nach dem anderen Menschen und danach, von ihm bemerkt, gesehen, anerkannt und wertgeschätzt zu werden. Nichts kränkt den Menschen mehr, als von anderen Menschen übergangen, übersehen, „nicht einmal ignoriert" zu werden. Albert Einstein hat den hintergründigen Satz geprägt: „Fantasie ist wichtiger als Wissen." In allen Bereichen unserer Gesellschaft brauchen wir sie dringend, diese Fantasie, die Kreativität, die aus dem Mitdenken wächst und aus dem Engagement vieler Einzelner lebt. Die Frucht solcher Fantasie ist das Feuer der Begeisterung, das einlädt und ansteckt, aufweckt und mitreißt. Ein solches Feuer ist vor allem dort nötig, wo die Not am größten ist, zum Beispiel in der momentan geplanten Bildungsreform: Unsere Schulen brauchen Fachleute, daran besteht kein Zweifel. Es ist dabei eine sekundäre Frage, wo diese ausgebildet werden. Was aber in unseren Schulen die Schüler zuallererst brauchen, sind Fachleute, deren oberste Kompetenz darin besteht, das, was sie können, mit Liebe und Leidenschaft anderen zu vermitteln. Ohne diese Vermittlungskompetenz wird es sehr schwer sein, den zündenden Funken der Begeisterung für ein Stoffgebiet in jungen Menschen zu wecken. Bereits vor über fünfzig Jahren hat Ingmar Bergman Verantwortliche davor gewarnt, seelenruhig zuzusehen, wie hochgebildete junge Menschen ihre Bildungsanstalten als „Analphabeten des Gefühls" verlassen. Erich Kästner sagt in diesem Zusammenhang in seiner berühmten „Ansprache zum Schulbeginn":

„Liebe Kinder, da sitzt ihr nun, alphabetisch oder nach der Größe sortiert, (…) Früchtchen seid ihr, und Spalierobst müsst ihr werden! Aufgeweckt ward ihr bis heute, und einwecken wird man euch ab morgen! (…) Vom Baum des Lebens in die Konservenfabrik der Zivilisation, – das ist der Weg, der vor euch liegt. Kein Wunder, dass eure Verlegenheit größer ist als eure Neugierde."[11] Aber auch dieser Vorwurf ist nicht neu. Schon Seneca klagt am Schluss seines 106. Briefes an Lucilius darüber, dass die Schüler nicht fürs Leben, sondern für die Schule lernten: *Non vitae, sed scolae discimus.* Übrigens: Wenn ich diesen Satz in meinen Computer tippe, schlägt mir das Korrekturprogramm statt „discimus" „Discomusik" vor. Und zu *gaudeamus igitur, iuvenes dum sumus* werden mir „igitt" und „Juventus" angeboten. Auch das vielleicht ein Hinweis auf eine dringend notwendige Bildungsreform!

Kay Pollacks Film „Wie im Himmel" (Schweden 2004) erzählt, wie es einem einzigen Menschen gelingt, ein ganzes Dorf neu zu beleben, die Herzen der Menschen so zu berühren, dass das in ihnen schlummernde Potenzial lebendig wird und ungeahnte Fähigkeiten zum Wohle aller spürbar werden. Ich bin überzeugt davon, dass dieser Film eine wertvolle Hilfe sein kann, einer dringend „not-wendenden" oder eben „Not-wendenden" oder vielleicht doch nur „notwendigen" Bildungsreform die Richtung zu weisen. Deshalb erlaube ich mir namens der heute hier geehrten und ausgezeichneten Persönlichkeiten, der Frau Bundesministerin eine käuflich erworbene DVD dieses Films zu ihrer persönlichen Verwendung zu überreichen. Der dafür aufgewendete Kaufpreis von 6,99 Euro entspricht gerade noch den strengen Richtlinien des sogenannten „Anfütterungs-Paragrafen".

Mit den heute hier Ausgezeichneten ehrt die Republik Menschen, die ihr Können in den Dienst an den Menschen stellen und dabei etwas von dieser fantasievollen Vermittlungskompetenz in ihrer Umgebung umzusetzen vermochten. Sie tun es nicht uneigennützig, aber immer wieder auch ein Stück weit selbstlos im Wissen, wie beglückend es ist, Ideen zu entwickeln, Fantasie zu entfalten, was sie können mit anderen zu teilen, gemeinsam an einem größeren Ganzen zu arbeiten und dabei eine wunderbare Erfahrung zu machen: Anderen helfen zu können, hilft mir, andere tragen zu können, trägt mich!

Vielen Dank!

E

Endlich angekommen

Am 10. Oktober 1978 wurde ich in Rom zum katholischen Priester geweiht. Heimgekehrt als „frischgebackener" Doktor der Theologie, gab Bischof Egon Kapellari zu meinen Ehren einen Empfang in seiner Residenz; dabei sollte ich in das Amt eines Diözesan-Jugendseelsorgers eingeführt werden. Irgendwann an diesem Abend habe ich mich für die mir zuteil gewordene Ehre bedankt und nach Worten gesucht, um damit Perspektiven meiner künftigen Tätigkeit anzudeuten. Dabei erinnere ich mich, mit welchem Gefühl der Freude ich eines Morgens in meinem ersten Studienjahr in Rom aufwache und merke, dass ich im Traum in dieser Nacht alle Gespräche in italienischer Sprache geführt habe. Ich bin glücklich und weiß, dass ich „endlich angekommen" bin und mich von nun an in Rom zu Hause fühle.

„So viele Sprachen einer spricht, sooft ist er Mensch", das ist einer der ersten Sätze, die mir Signora Olga Lampe-Minelli, unsere Italienischlehrerin in Rom, beibringt. Und eine Rede, die in Rom gilt, die könnte doch auch in Kärnten gelten, so dachte ich mir und drücke bei meiner kleinen Dankesrede dem Bischof und seinen Mitarbeitern gegenüber die Hoffnung aus, es möge mir in den kommenden Jahren auch hier in Kärnten vergönnt sein, eines Morgens aufzuwachen und zu merken, dass mir die slowenische Sprache als die andere Muttersprache der Kärntner vertraut ist. Umso erstaunter war ich dann, von mir gutgesinnten Menschen in Kärnten erfahren zu müssen, dass eine solche Rede ihrer Überzeugung nach nicht den weiten Horizont eines Menschen, sondern eher die Unerfahrenheit und Gutgläubigkeit eines ahnungslosen Heimkehrers dokumentiere. „Blauäugig", wie ich von Natur aus auch bin, sei meine Rede gewesen, gutgläubig, aber eben unerfahren und es wäre „sehr gefährlich, es gäbe Wichtigeres", meinten sie. Heute noch und jetzt weit gründlicher als damals weiß ich den Satz von Signora Lampe-Minelli zu schätzen. Jede Sprache, die ich spreche, macht mich weiter, reicher und lebendiger. Im Blick auf die slowenische Sprache ist diese meine Überzeugung bis auf den heutigen Tag aus vielen persönlichen Gründen ein Wunschtraum geblieben; und wenn ich mit meinen bald 63 Jahren heute an diesen Moment zurückdenke, dann schmerzt mich der kleinmütige „Gehorsam" eines Anfängers, der damals dem Rat anderer mehr geglaubt hat als der Stimme seines Herzens. Ich hatte nicht den Mut zurückzufragen, hatte einfach gehorcht und mich gefügt und damit der Mehrheit und ihren Wünschen entsprochen. Für mein Hörbuch „Lebenswege" (2015) ist aus dieser Erfahrung folgender Text entstanden:

endlich angekommen

neun jahre
meines lebens
verbringe ich in rom
einer der schönsten
augenblicke
dort
im
ersten jahr
ist ein erwachen
ich habe im traum
italienisch gesprochen
und bin stolz darauf
endlich angekommen
zu sein
–

als ich
später in kärnten

mir wünsche
aufzuwachen
aus einem slowenischen traum
rät man mir kurzerhand davon ab
es wäre
„sehr gefährlich
es gäbe wichtigeres"
–
heute
schäme ich mich
weil in all den träumen seither
kein einziges wort in slowenischer sprache
mein aufwachen stolz machen konnte
wie sehr ich das bedauere
to mi je zeló zal

engel kommen selten allein

sie müssten nicht immer vom himmel her kommen
und brauchten auch keine flügel zu haben
wo immer sie fliegen
die engel
sie könnten auch hier
zwischen dir und mir ihre kreise ziehen
und manchmal auch deinen und meinen namen tragen

sie müssten nicht immer vom himmel her kommen
und brauchten auch keine flügel zu haben
wo immer sie fliegen
die engel
sie könnten auch hier
zwischen dir und mir ihre kreise ziehen
und manchmal auch deinen und meinen namen tragen

Wo Engel landen müssen

Bernd Melichar: Was sagen Sie als Psychotherapeut und Theologe zu einer aktuellen Umfrage, wonach jeder zweite Österreicher an Engel beziehungsweise Schutzengel glaubt?

Arnold Mettnitzer: Darüber ist weder der Psychotherapeut noch der Theologe erstaunt. Wir Menschen sind soziale Wesen und haben nach nichts so sehr Sehnsucht wie danach, nicht allein, sondern in einem größeren Ganzen eingefügt zu sein. Und zu wissen, dass es dort jemanden gibt, der sich um uns sorgt. *Aber nicht der Mitmensch sorgt sich, sondern ein Engel.* Der Gedanke dahinter heißt: Wenn uns die Freunde, die Familie, die Partner wegbrechen, ist da trotzdem jemand, der uns zusichert, dass er für uns da ist. Auch aktuelle Erkenntnisse der Neurobiologie rufen etwas in Erinnerung, was als Sehnsucht in der Tiefe des menschlichen Herzens eingeschrieben ist: dass wir uns alles wünschen, von einem anderen Menschen verstanden, willkommen geheißen, nicht übersehen zu werden. Und wenn das im täglichen Leben nicht funktioniert, dann lebt die Hoffnung, dass das nicht der letzte Befund ist, sondern dass es dahinter eine tragende, rettende, ermutigende Macht gibt, die uns Menschen zugedacht ist.

Ist das nicht ein Paradoxon? Immer weniger Menschen glauben an Gott, aber offenbar sehr viele an seine „Boten", die Engel.

Nein, das ist kein Paradoxon, sondern die Erfahrung des Lebendigen. Wenn die Leute aufhören an Gott zu glauben, sind sie meiner Erfahrung nach oft nur müde geworden, die Rede über Gott in ewig gleicher Sprache als unerträgliches Geschwätz weiterhin anzuhören.

Es besteht also eine große Sehnsucht nach Spiritualität, Probleme haben die Menschen aber mit den Institutionen des Glaubens.

Die Kirche oder die Kirchen, die religiöse Inhalte vermitteln sollen, werden als Transportmittel immer unglaubwürdiger. Etwas salopp gesprochen: Wenn es für kirchliche Institutionen, analog zu Kraftfahrzeugen, ein Pickerl gäbe, würden sie es – zumindest im Moment – nicht erhalten. Aber das Transportgut selbst – die Spiritualität, der Glaube – ist höchst aktuell und ein wunderbares Nahrungsmittel für die Seele. Wenn die Institutionen – ob Staat oder Kirche – nicht mehr oder nur noch schlecht funktionieren, macht sich der Mensch mit der Leidenschaft seines Herzens auf, um von woanders her Hilfe zu bekommen.

Ist dieser starke Glaube an Engel aber nicht auch ein Delegieren von Verantwortung? Nicht ich selbst passe auf mich auf, das muss ein Schutzengel übernehmen.

Ich glaube, da geht es nicht nur um Engel als höhere, quasi religiöse Macht; diese Menschen haben ja auch ein sehr starkes Sensorium für ihre Mitmenschen. In einem schönen Lied von Udo Jürgens heißt es: „Lächelt dir im Stadtgewühl ein Fremder zu, der denkt wie du; diese Sekunde Glücksgefühl, kaufen kannst du sie dir im Leben nie." Wir sind in unserem Sprachgebrauch ja nicht nur engelgläubig. Wir sind auch gerne bereit, jemanden, der uns von innen her anrührt und verzaubert, als Engel zu bezeichnen.

Wie schwer oder wie leicht tun Sie sich mit den Engelscharen in Schaufenstern von Esoterikläden?

Damit habe ich ehrlich gesagt schon meine liebe Not, weil es da eine starke Dogmatisierungstendenz gibt. Da schafft man sich wieder eine Hierarchie, ein Gerüst und letztlich eine Schublade, in der das Unfassbare eingeordnet wird.

Auf Ihrer Homepage findet sich ein Text des norwegischen Schriftstellers Jostein Gaarder. Da sagt ein Kosmonaut, dass er schon oft im Weltraum gewesen sei, dort aber weder Gott noch Engel gesehen habe. Worauf der Gehirnforscher antwortet, dass er bei seinen Operationen noch nie einen Gedanken gesehen habe.

In diesem Text geht es aber nicht nur um die Frage, was ich sehe bzw. nicht sehe, sondern darum, was mich bewegt. Ein Gedanke, der mich bewegt, findet nicht nur im Kopf und in der kognitiven Erfassung der Wirklichkeit sein Auslangen; ein Gedanke, der mich bewegt, führt mich vielmehr dorthin, wo ich mit meinen

Erfahrungen und Emotionen schon einmal war. Je weiter ich dorthin geführt werde, umso mehr fühle ich mich zu Hause, verstanden und berührt. Und das ist, glaube ich, die Aufgabe einer guten Seelsorge – auch einer guten Therapie: dass ich den Menschen wieder dorthin führe, wo er berührbar ist, wo seine Augen wieder zu leuchten beginnen. Und das ist eine eminente Engelsfunktion: Dass ich jemanden dorthin begleite, wo er den Kontakt zu einem größeren Ganzen wiederfinden kann.

Jetzt sind wir mitten in einem Glaubensgespräch ...

Natürlich. Der tiefste Sinn jeder Religion muss ja sein, dass der einzelne Mensch, der den Kontakt zu seinem Göttlichen verloren hat, dorthin begleitet wird, wo er andocken kann an die Begeisterungsfähigkeit, die er als Kind oder Jugendlicher hatte und die er im Laufe seines Erwachsenenlebens verloren hat. Wer uns wieder in diese göttliche Dimension führt, die in jedem von uns als Abbild Gottes schlummert, der ist meiner Meinung nach ein Schutzengel im wahrsten Sinne des Wortes.

Angenommen, ein Engel stünde vor Ihnen und würde fragen: „Sag, wovor muss ich die Menschen und wovor dich ganz persönlich am meisten beschützen?" Was würden Sie antworten?

Ein Engel möge mich und die ganze Welt vor liebloser Selbstüberschätzung warnen und bewahren.[12]

Essen mit Leib und Seele

Durch unsere Freundin Claudia entdeckten wir vor ein paar Jahren ein Restaurant, das seither für mich der Inbegriff des Südens ist, mein bevorzugter Treffpunkt mediterraner Gemütlichkeit. Ich genieße dort die unkompliziert-herzliche Gastfreundschaft, das leichte und gute Essen, von allem etwas und von nichts allzu viel in der kleinen Trattoria im Schatten einer Kirche.

Nach meinem ersten Besuch dort weiß ich: Hier ist mein Süden! Hier finde ich die in Wien so oft vergeblich gesuchte mediterrane

Küche! Hier schmeckt es nicht nur, hier esse ich mit Leib und Seele! Deshalb feierte ich auch hier meinen 60. Geburtstag. Inzwischen sind wir immer wieder gekommen, zu zweit, mit Freunden, Familienangehörigen, im kleinen wie im größeren Kreis. Immer mit dem Gefühl, nicht nur willkommen zu sein, sondern ganz einfach dazuzugehören. Und das zuallererst, weil es dort Menschen gibt, die dafür sorgen, dass auch dann die Sonne scheint, wenn der Himmel voller Wolken ist. Als ich einer Freundin, die seit über zwanzig Jahren an Multipler Sklerose leidet, von diesem Lokal vorschwärme, meint sie, dass ich mich dort sicher so wohlfühle, weil das Personal mich kennt und ich mittlerweile zu den Stammgästen zähle. Ich schlage ihr vor, die kleine Trattoria anonym selbst zu testen. Seither weiß auch sie, dass die Kellner dort auch vom Hunger der Seele eines Menschen etwas verstehen. Sie fühlt sich willkommen geheißen und behandelt wie ein Star. Und Stars genießen es dort, aus ihren Rollen zu schlüpfen und einfach da zu sein. Als ich mit Verwandten dort eine Kleinigkeit zu Mittag esse, erhebt sich zu unser aller Überraschung der neunjährige Simon aus Freude über „die besten Spaghetti al mare", ruft den Kellner herbei und sagt zu ihm mit kindlichem Charme: „Ein Kompliment an die Küche und die Bedienung. Es ist großartig!" Kindermund tut Wahrheit kund.

Gemeinsames Essen wird so zur Kultur des Gebens und Nehmens, zum Tausch, bei dem jeder gerne gibt, was er hat. Gerade dadurch werden Menschen satt.

Ende
Ein Dialog mit Marie Luise Kaschnitz

Marie Luise Kaschnitz (1901–1974), war eine weitgereiste und gebildete Frau, die in knapper, eindringlicher Sprache bedeutende Prosawerke und lyrische Gedichte schuf. Die Stationen ihres Lebens waren Potsdam, Berlin, Weimar, München und Rom. In Rom lernte sie ihren späteren Mann kennen, der Archäologe war.

Daraus ergaben sich weitere Stationen: Königsberg, Marburg, Frankfurt und wieder Rom. Ein Text von ihr begleitet mich seit meinen Studientagen:

Ein Leben nach dem Tode

Glauben Sie fragte man mich
An ein Leben nach dem Tode
Und ich antwortete: ja
Aber dann wusste ich
Keine Auskunft zu geben
Wie das aussehen sollte
Wie ich selber
Aussehen sollte
Dort

Ich wusste nur eines
Keine Hierarchie
Von Heiligen auf goldnen Stühlen sitzend
Kein Niedersturz
Verdammter Seelen
Nur

Nur Liebe frei gewordne
Niemals aufgezehrte
Mich überflutend

Kein Schutzmantel starr aus Gold
Mit Edelsteinen besetzt
Ein spinnwebenleichtes Gewand
Ein Hauch
Mir um die Schultern
Liebkosung schöne Bewegung
Wie einst von tyrrhenischen Wellen

Wie von Worten die hin und her
Wortfetzen
Komm du komm

Schmerzweb mit Tränen besetzt
Berg- und Tal-Fahrt
Und deine Hand
Wieder in meiner

So lagen wir lasest du vor
Schlief ich ein
Wachte auf
Schlief ein

Wache auf
Deine Stimme empfängt mich
Entlässt mich und immer
So fort

Mehr also, fragen die Frager
Erwarten Sie nicht nach dem Tode?
Und ich antworte
Weniger nicht."[13]

In einem Gedicht habe ich versucht, der Dichterin zu erwidern, mit ihr in einen Dialog zu treten.

ende

am ende
ist das leben
vollbracht
ganz und gar
voll pracht

nicht nur schall und rauch
ein brief mit siegel
ich werde

–

wenn ich dann
noch schauen kann

–

schön schauen
was ich dann
sehen werde

ich werde sehen[14]

F

Faden nach oben

Eines schönen Morgens gleitet vom hohen Baum am festen Faden eine Spinne herab. Unten im Gebüsch baut sie ihr Nest, das im Laufe des Tages immer großartiger wird und mit dem sie reiche Beute fängt. Am Abend läuft die Spinne ihr Netz noch einmal ab und findet es herrlich. Da entdeckt sie auch wieder den Faden nach oben, den sie über ihrer betriebsamen Geschäftigkeit ganz vergessen hatte. Sie versteht nicht mehr, wozu er gut sein sollte, hält ihn für überflüssig und beißt ihn kurzerhand ab. Sofort fällt das Netz über ihr zusammen, wickelt sich um sie wie ein nasser Lappen und erstickt sie.

Um von meinen täglichen Verpflichtungen nicht so sehr in Geiselhaft genommen zu werden, dass ich völlig ausgebrannt und atemlos darunter ersticke, ist es nicht nur wichtig, die Dinge richtig zu tun. Zunächst einmal ist es entscheidend, die richtigen Dinge zu tun. Ich persönlich jedenfalls gerate immer wieder in Versuchung, zu viel Zeit und Energie für Nebensächliches aufzuwenden. Dabei verliere ich leicht den Überblick und weiß zu guter Letzt nicht mehr das Wichtige vom Unwichtigen zu unterscheiden. Irgendwann zieht dann der Körper die Notbremse und spielt nicht mehr mit, so als wollte er sagen: „Mach ruhig so weiter, aber ohne mich!" Dann reden wir von „Burn-out", „Panikattacken", „Depressionen" oder aber von der Flucht aus der Wirklichkeit mit der „Hilfe" von Alkohol, Medikamenten und psychedelischen Substanzen.

Eine Therapie in solchen Lebenslagen – je früher, desto besser – beginnt damit, die täglich anfallenden Aufgaben nach ihrer Wichtigkeit zu ordnen und die Arbeitszeit angemessen auf sie aufzuteilen. Was ist wichtig? Worauf muss ich mich voll konzentrieren, was kann/darf ich nicht delegieren? Dieser Teil beansprucht den größten Teil meiner mir zur Verfügung stehenden Zeit. Dann gibt es Aufgaben, die nicht zu viel Zeit beanspruchen dürfen und notfalls auch delegiert werden können, und schließlich gibt es da täglich Aufgaben, die zwar den größten Teil der Arbeit ausmachen, deshalb aber nicht automatisch die meiste Zeit beanspruchen sollten. Leider sieht das in der Praxis häufig ganz anders aus. Überwältigt von der Vielzahl der kleinen Verpflichtungen verbrauchen Menschen dafür die meiste Zeit, verlieren dadurch den Überblick und kommen in Schwierigkeiten. Der Faden nach oben im Netzwerk des täglichen Arbeitsfeldes erscheint unnütz …

Plötzlich steht eines der Modeworte unserer Zeit im Raum: „Stress." Aber gerade der Stress ist nicht das Problem. Stress kann motivieren und Selbstvertrauen schaffen, er versetzt den Körper erst in die Lage, angemessen auf die Außenwelt zu reagieren und zu zeigen, was möglich ist. Stress ist geradezu ein „Engel", weil er motiviert und herausfordert. Freilich kann er auch zum „Teufel" werden, vor allem dann, wenn er als faule Ausrede gebraucht wird. Der Pionier der Stressforschung, der österreich-kanadische Mediziner Hans Selye (1907–1982), hat in diesem Zusammenhang die Unterscheidung von „Eustress" und „Distress" geprägt und darauf hingewiesen, dass der wahre Feind des Körpers nicht der Stress, sondern die „Hektik" ist.

Als Sophia Loren einmal zu Besuch in New York wehrlos Einbrechern gegenübersteht, fordern diese von ihr den gesamten Schmuck. Ihr bleibt nichts anderes übrig, als die Juwelen aus dem Tresor zu holen. Als Freunde später meinen, dass sie über den Verlust ihrer Schmuckstücke wohl sehr traurig sein müsse, zuckt sie mit den Achseln und verrät ihnen ein Lebensmotto, das sie ihrem Vater verdankt: „Weine nie über Dinge, die nicht über dich weinen können!" Vieles von dem, worüber wir uns erregen oder Sorgen machen, ist die Aufregung nicht wert. Geschätzte 80 bis 90 Prozent der Situationen, die uns in Hektik versetzen, stellen sich nachher als Belanglosigkeiten heraus. Je früher ich das erkenne, je schneller ich das Unwichtige vom Wichtigen zu unterscheiden weiß, umso weniger gerate ich in die Gefahr, im Spinnennetz des beruflichen und privaten Alltags zu ersticken.

Fasten! Bitte anschnallen!

Fasten begegnet mir fast täglich! Jedes Mal, wenn ich ins Flugzeug steige oder mich ins Auto setze, werde ich daran erinnert: „Fasten your seatbelt!" Schnall dich bitte an! Im Flugzeug lädt mich eine freundliche Stimme dazu ein, im Auto ein eher uncharmanter Piepston. Im Alltag warnt mich in der Regel niemand! Mich dort anzuschnallen, festzumachen und dafür zu sorgen, dass Unerwartetes mich nicht aus dem Gleichgewicht bringt, ist täglich neu eine große Herausforderung.

Was so verstandenes Fasten bedeutet, hat Peter Heintel bereits vor 25 Jahren in Klagenfurt auf den Punkt gebracht. In seinem „Verein zur Verzögerung der Zeit" verpflichten sich die Mitglieder „zum Innehalten, zum Nachdenken dort, wo blinder Aktivismus und partikulares Interesse Scheinlösungen produziert". Nach wie vor ist unsere Welt im Kleinen wie im Großen voll von solchem Aktivismus, von partikularen Interessen und von Scheinlösungen, die in aller Stille auf dem Rücken einer ahnungslosen Mehrheit so lange ausgetragen werden, bis das Kartenhaus in sich zusammenfällt und allen die Rechnung dafür präsentiert wird.

Ob Wirtschaftskrise, Ressourcenknappheit, Klimakatastrophe, Hypo- oder Hexachlorbenzol-Skandal, überall haben über viel zu lange Zeit zunächst einige wenige auf Kosten anderer viel zu gut gelebt und dabei gehofft, in ihrem Handeln nicht durchschaut zu werden.

Der ehemalige Vorsitzende des „Weltrats für Erneuerbare Energien" und Träger des Alternativen Nobelpreises, Hermann Scheer († 2010), verglich in einem seiner Vorträge das gängige Ausnutzungsverhalten seiner Zeitgenossen mit einem Menschen, der in ein nobles Restaurant geht und dort mit keinem Cent in der Tasche Austern, Kaviar und Champagner bestellt. Nach dem ersten Gang gönnt er sich einen zweiten und dann einen dritten in der Hoffnung, bei einem der nächsten Gänge in einer der Austern die Perle zu finden, mit der er das alles bezahlen wird können. Es ist nichts dagegen einzuwenden, dass Menschen ihren Vorteil suchen. Nicht der persönliche Vorteil ist verwerflich, sondern die Ausschließlichkeit, mit der er gesucht wird. Ausschließlichkeit verleiht Scheuklappen, Scheuklappen machen blind.

Fasten könnte so gesehen Horizonterweiterung bedeuten. Wenn ich mit neuen Augen aufwache, zur Vernunft komme und mich nicht mehr nur frage, worin mein Vorteil liegt, dann könnte ich beglückt entdecken, dass andere tragen zu können mich trägt und anderen helfen zu können mir hilft! Oder, wie es Marie von Ebner-Eschenbach ausdrückte: „Die Menschen, denen wir eine Stütze sind, geben uns den Halt im Leben." Eine solche Horizonterweiterung ist bis ins hohe Alter möglich! Das ist eine der „frohen Botschaften" der Hirnforschung: Es steckt mehr in mir als das, was ich im Moment weiß und im Augenblick tue. Ich kann mein Herz und Hirn auch noch auf eine ganz andere Weise nutzen. Ich kann aus Sackgassen herauskommen und ganz neue Erfahrungen machen. Aber die Voraussetzung dafür, dass das gelingt, besteht darin, dass es irgendetwas in meinem Leben gibt, wofür ich mich noch restlos begeistern kann. Begeisterungsfähigkeit allerdings ist ein rarer Luxusartikel in der seelischen Landschaft unserer Gesellschaft geworden. Lebensfreude, Inspiration, Motivation, packende, mitreißende Erlebnisse, das alles scheint im Alltag vieler Menschen leider keinen Platz mehr zu haben. Darum stehen sie dann auch jedem Abenteuer und allem „Noch-nie-Dagewesenem" so skeptisch gegenüber. Fasten – in diesem Kontext betrachtet – könnte dann bedeuten, dass ich nach Möglichkeiten für Begeisterung auch und vor allem dort zu suchen beginne, wo sie mir beinahe denkunmöglich erscheinen. Martin Walser vermutet in einem seiner Romane, dass viel zu viele Menschen nostalgisch zurückschauen oder skeptisch nach vorne blicken und passiv darauf warten, dass sie einmal leben werden und im Warten auf dieses Leben ihre Zeit verbringen. Nachher, wenn dann alles vorbei ist, mögen sie sich fragen, wer sie denn gewesen sind, solange sie gewartet haben ...

Fasten – so betrachtet – könnte auch aus dem Versuch bestehen, den Augenblick zu genießen, das „Jetzt" als geschenkte Zeit zu begreifen und mit anderen zu gestalten. Im Grunde lebt erst der, der dieses Jetzt zu leben weiß. Alle anderen warten darauf und mögen sich dann irgendwann die Frage stellen, wer sie denn gewesen sind, solange sie (vergeblich) auf das Leben gewartet haben, wie das einmal Martin Walser in einem seiner Romane zum Ausdruck gebracht hat.[15] Für den vorherrschenden Persönlichkeitstyp unserer Zeit scheint das allerdings schwer realisierbar zu sein, denn für ihn zählen hauptsächlich Leistung und Wirtschaftserfolg. „Geht's der Wirtschaft gut, geht's uns allen gut", lautet sein Schlagwort. Zwischenmenschliche Beziehungen bleiben dabei oberflächlich, werden funktionalisiert, geknüpft oder aufgegeben, wie es dem beruflichen Fortkommen und dem wirtschaftlichen Vorteil dient. Andere Menschen spielen dann nur mehr insofern eine Rolle, als sie sich für die persönliche Selbstdarstellung verwenden lassen. Und die trotz allem immer noch und immer wieder besungene Liebe wird zur Kunst, die immer weniger Menschen beherrschen. Verständnisvolle Gespräche werden zur Kostbarkeit, die sich kaum jemand mehr leisten zu können glaubt. Man bräuchte dazu ja die zwischen den Fingern zerronnene, verloren gegangene Zeit als „Lebensmittel der Liebe".

Fasten – so betrachtet – wäre dann der Luxus, die Dinge, die ich im Moment gerade tue, mit Leib und Seele so zu tun, dass ich damit Raum schaffe für die Begegnung mit anderen Menschen. Damit könnte ich anstelle des Strohfeuers eines rasanten Flirts und einer kurzen Liebschaft die Hingabe als nachhaltig neue Perspektive wiederentdecken. Das weiß ich in der Tiefe meines Herzens. Ich weiß, dass erst Hingabe meine Sehnsucht stillt. Aber als Kind meiner Zeit weiß ich nicht mehr, ob ich zu solcher Hingabe überhaupt noch fähig bin. Die Zeit, die ich brauche, um eine Landschaft zu erwandern, Musik zu genießen und mich einem Menschen hinzugeben, glaube ich mir tatsächlich nicht mehr leisten zu können ...

Fasten, das könnte deshalb über all das hinaus und vielleicht zuallererst bedeuten, Zwiesprache mit mir selbst zu halten, draufzukommen, dass ich schon lange nicht mehr tief unten im Keller des eigenen Herzens gewesen bin, dort, wo die alten Weine der Weisheit liegen und darauf warten, entdeckt zu werden. „Du begehst die größte Sünde, die es gibt, du kennst dich selber nicht!", lässt Ferdinand Raimund seinen „Alpenkönig" zum „Menschenfeind" sagen.

„Fasten your seatbelt!" Schnall dich bitte an! Gutes Fasten hat immer auch damit zu tun, sich auf die Reise zu sich selbst zu begeben. Das Motto dazu liefert Karl Valentin: „Heute besuche ich mich! Hoffentlich bin ich zu Hause!"[16]

Friedrich Heer

„Geist ist die gefährlichste Sache, die es gibt!" Diesen Satz von Friedrich Heer (1916–1983) habe ich seit meiner Wiener Studentenzeit immer noch im Ohr. Dieser Gedanke lässt ihn ein Leben lang nicht los, ist sein feuriger Motor, das ins Wort gebrachte Echo seiner inneren Schaffenskraft. Friedrich Heer war einer der bedeutendsten Denker des 20. Jahrhunderts in Österreich. Als Publizist, Autor, Dramaturg, Schriftsteller, Gelehrter, im besten Sinn des Wortes als Freund des Geistes und der Weisheit, als Philosoph schreibt Heer Geschichte und bewegt die Menschen in diesem Land. Seine Gedanken sind weit und „unüblich", sie regen auf, zum Weiter- und zum Mitdenken an. Selbstverständlich sind sie auch kontrovers. Friedrich Heer weiß, dass der Geist „die gefährlichste Sache der Welt" ist, und setzt diese „Sache" gezielt als Waffe in Streitgesprächen und Kontroversen ein. Auf der anderen Seite aber vermag er sich gerade denen in einer unwahrscheinlich tiefen Menschlichkeit und Barmherzigkeit zuzuwenden, die kraft ihres Geistes nicht die Möglichkeit haben, sich auszudrücken und für ihre Bedürfnisse selbst das Wort zu ergreifen.

Als Katholik und engagierter Christ hat er nichts gegen den Gedanken, dass Josef auch der leibliche Vater des jungen Juden aus Nazareth gewesen sein könnte. Er meint auch und weist immer wieder darauf hin, dass das der Göttlichkeit dieses Jesus aus Nazareth keinen Abbruch täte, sondern ihn eher als einen Menschen unter Menschen diesen Menschen näherbringen würde. Friedrich Heer ist im wohltuend besten Sinn des Wortes ein katholischer Mensch, ein allumfassend gebildeter dazu, ein über die Weiten der Welt hinaus Denkender.

Wenn ich an ihn denke, kommt mir unweigerlich der Hirtengott Pan in der griechischen Mythologie in den Sinn. Pan ist ein vierbeiniges Wesen, das von seiner Oberseite her leuchtend, hübsch, schön anzusehen ist. Seine Flöte, die Pan spielt, klingt friedlich und einladend. Wenn sich dieser Vierbeiner aufrichtet, zeigt er seine Unterseite, die die Menschen erschrecken lässt. Bei diesem Anblick geraten sie in Angst und „Panik" und laufen davon.

Das Wort „pan" bedeutet im Griechischen „alles", „ganz". Wer also der Wahrheit ins Gesicht sehen will, darf sich nicht nur mit der bequemen, schönen, einladend-strahlenden Oberseite zufriedengeben und dort stehen bleiben. Dort, wo Licht ist, lohnt es sich auch, nach den Schattenseiten zu suchen. In diesem Sinn ist mir die mythologische Figur des Hirtengottes Pan auch ein stimmiges Symbol für das, was mit „katholisch" – „allumfassend" gemeint sein könnte. Friedrich Heer war sein Leben lang ein blitzgescheiter, unruhiger Geist, ein leidenschaftlicher Pionier auf der Suche nach der anderen Seite, auf der Suche nach der Wahrheit mit ihren vielen Gesichtern. Seinen Geist, sein Mitdenken, seine Stimme könnte das heutige Europa sehr gut gebrauchen. Lange bevor die Europäische Union zumindest auf dem Papier Wirklichkeit geworden ist, sagte Friedrich Heer bereits im Blick auf sie: „Wir haben (…) Europa als ein Kampfgespräch vieler Gegensätze zu begreifen."

Frösche ...

Eine Gruppe von Fröschen will einen Wettlauf machen. Ihr Ziel ist es, die Spitze eines hohen Turmes zu erreichen. Viele Zuschauer haben sich bereits versammelt, um diesen Wettlauf zu sehen und sie anzufeuern. Das Rennen beginnt. Von den Zuschauern glaubt niemand so recht daran, dass es möglich sei, dass die Frösche diesen hohen Gipfel erreichen. Alles, was man hören kann, sind Aussprüche wie: „Ach, wie anstrengend! Die werden sicher nie ankommen!" Oder: „Das können sie gar nicht schaffen, der Turm ist viel zu hoch!" Die Frösche beginnen zu resignieren. Außer einem, der kraftvoll weiterklettert. Die Leute rufen weiter: „Das ist viel zu anstrengend! Das kann niemand schaffen!" Immer mehr Frösche verlässt die Kraft und sie geben auf. Aber der eine Frosch klettert immer noch weiter. Er will einfach nicht aufgeben! Am Ende haben alle aufgehört weiterzuklettern, außer diesem einen Frosch, der mit enormem Kraftaufwand als Einziger den Gipfel des Turmes erreicht! Jetzt wollen die anderen Mitstreiter natürlich wissen, wie er das geschafft hat. Einer von ihnen geht auf den Sieger zu, um ihn nach dem Geheimnis seines Erfolges zu fragen. Der Sieger schaut ihn mit großen Augen an. Und während der andere seine Frage mehrmals wiederholt, wird ihm klar, dass der Gewinner taub ist!
Die Moral von der Geschichte: Höre niemals auf Leute, die die schlechte Angewohnheit haben, immer negativ und pessimistisch zu sein. Sie stehlen anderen Menschen die schönsten Wünsche und Hoffnungen, die sie in ihrem Herzen tragen! Worte haben eine große Macht. Alles, was wir hören und lesen, beeinflusst unsere Gedanken und Gefühle und schlussendlich auch unser Tun. Die Neurobiologen wissen, dass Kleinmut und Demotivation genauso ansteckend sind wie Ermutigung und Begeisterung. Wenn ich also schon die Wahl habe, dann nehme ich doch gerne die positive Alternative, weil sie gehirnphysiologisch messbar positive Energie zur Folge hat. Und weil es immer Menschen geben wird, die von vornherein wissen, dass etwas nicht zu schaffen ist, kann

die beste Strategie dagegen doch wohl nur darin bestehen, sich
diesen Unkenrufern gegenüber taub zu stellen!

Fünf statt drei

Frühere Betrachtungen biografischer Verläufe bis zur Mitte der
1970er-Jahre kommen mit dem Dreischritt „jung – erwachsen –
alt" aus. Ausbildung, Beruf und Ruhestand sind dabei die entspre-
chenden Inhalte. Mittlerweile kristallisiert sich in der modernen
Gesellschaft eine Biografie mit fünf Lebensabschnitten heraus:
In der ersten Lebensphase enden Jugend und Ausbildung heute zeitlich später, mental aber früher. Das führt dazu, dass sich
Vierzehnjährige schon sehr erwachsen fühlen und gleichzeitig
erschöpft von ihrem bisher gelebten Leben. Deshalb gönnen sie
sich in einem zweiten Lebensabschnitt in der sogenannten Post-
adoleszenz eine Experimentierphase, in der sie – bevor der Ernst
des Lebens beginnt – reisen, sich beruflich orientieren und in
„serieller Monogamie" persönliche Erfahrungen in wechselnden
Beziehungen erproben. Selbstfindung, Ausloten von Möglichkeiten und Ausprägung der individuellen Eigenschaften bestimmen
diese Lebensperiode. Der dritte Lebensabschnitt betrifft dann die
Familien- und Erwerbsphase. Immer noch gründen mehr als die
Hälfte aller Menschen in Europa eine Familie. Diese Phase ist je-
doch kürzer in Bezug auf die gesamte Biografie, die Rollen sind
im Vergleich zu früher aber weit weniger festgeschrieben. Nach
durchschnittlich zehn bis fünfzehn Jahren wird sowohl beruflich
wie privat Bilanz gezogen. Nach dem Motto „Was du tust, musst
du gerne tun, sonst musst du es ändern oder etwas anderes tun"
wird im Blick zurück das bisher gelebte Leben unter die Lupe genommen und im Blick nach vorne geprüft, ob Kraft und Motivation für das Kommende reichen. Daraus ergibt sich ein vierter
Lebensabschnitt als „zweiter Aufbruch" und als Neuorientierung
im mittleren Alter. Hier steigt die Scheidungsrate, Frauen verlassen oft ihre regressiven Männer, Männer orientieren sich neu im

Beruf und/oder bei jüngeren Frauen. Und was früher mit „Ruhestand" bezeichnet wurde, stellt schließlich den fünften Lebensabschnitt dar. 70 Prozent aller Siebzig- bis Achtzigjährigen sind, trotz aller chronischen Krankheiten, so fit, dass sie einen ganz normalen, auch mobilen Lebensstil führen können.

In traditioneller Denkweise haben wir früher ganz im Sinne des oben angesprochenen Dreischritts der Jugend das Lernen, dem mittleren Lebensalter die Arbeit und dem Alter die verdiente Ruhe und Erholung zugestanden. Aus moderner, neuroökonomischer Sicht aber wissen wir heute: Wer gesund bleiben will, muss zu jeder Zeit, ganz egal, in wie viele Phasen er sein Leben einteilen mag, zur Sicherung seiner Lebensqualität und Lebenszufriedenheit lernen, arbeiten und die Kunst beherrschen, Pausen einzulegen. Dass Lernen schwerste Arbeit sein kann, die ohne bewusste Abwechslung und qualifizierte Erholung nicht leistbar ist, muss hier nicht gesondert begründet werden, ebenso auch nicht die Notwendigkeit des arbeitenden Menschen, sich ständig weiterzubilden und sich zu erholen. So wäre es geradezu verhängnisvoll, wenn dem Alter nur der verdiente Ruhestand und nicht auch Arbeit und lebenslanges Lernen zugesprochen würden.

Fürchte dich nicht!

Angst ist das Frühwarnsystem der Seele, sie sorgt dafür, Gefahren rechtzeitig zu erkennen und adäquat darauf zu reagieren. So gesehen ist die Angst ein Zustand innerer Wachsamkeit, der uns auf der Hut sein und möglichst unbeschadet durch den Alltag kommen lässt. Zu guter Letzt ist es der „Teufelskreis der Angst vor der Angst", der uns immer wieder Prügel vor die Füße wirft. Nicht die Angst ist das Problem, sondern ihr Ausmaß und die inneren Gründe, die dazu führen. In seinem grundlegenden Werk „Grundformen der Angst"[17] hat Fritz Riemann gezeigt, dass lang anhaltende frühkindliche Belastungssituationen Angstmuster herausbilden, die einen Menschen nachhaltig prägen und sein Erwachsensein bestimmen können. Je früher die unbearbeitete Belastung, desto nachhaltiger können dann im Erwachsenenalter Angstreaktionen auftreten. Freilich sind das generelle Beobachtungen, die nichts über ein konkretes Erleben eines bestimmten Menschen aussagen wollen und können, weil die Selbstheilungskräfte der Natur uns immer wieder positiv zu überraschen vermögen.

Die Angst vor Nähe

Wer als Kind kurz nach seiner Geburt über einen längeren Zeitraum aus welchem Grund auch immer auf die Mutter als Bezugsperson und/oder auf andere Angehörige in seinem engsten Umfeld verzichten und in der Folge mit wenig Berührung und Zärtlichkeit auskommen musste, wird im Erwachsenenalter unter Umständen ein grundlegendes Problem damit haben, einem anderen Menschen zärtlich und liebevoll zu begegnen. Zu früh musste er es lernen, sich nur auf sich selbst zu verlassen und für sich selbst zu sorgen. Seine Angst vor Nähe und Hingabe ist psychokriminologisch betrachtet eine seelische Erinnerung, wie weh es getan hat, vergebens nach Nähe und Hilfe gerufen zu haben. Diese Erfahrung hat sich tief in seine Seele eingeschrieben und sich dort verfestigt, sodass auch im Erwachsenenalter die Wahrscheinlichkeit vorherrscht, anderen Menschen nicht offen und liebevoll, sondern skeptisch und misstrauisch zu begegnen. Darum streben solche Menschen vor allem danach, auf niemanden angewiesen und niemandem verpflichtet zu sein, so unabhängig und autark wie möglich zu werden. Ihre Grundhaltung ist die Distanz. Wird diese Distanz überschritten, empfinden sie das als Bedrohung ihres Lebensraumes und wehren sich – aus Angst, wieder verletzt zu werden – schroff dagegen. Auf die Umwelt wirken solche Menschen fern, kühl, distanziert, unpersönlich bis kalt, in ihren Reaktionen unverständlich oder befremdend. Man kann sie lange kennen, ohne sie wirklich zu kennen. Zwischen ihnen und der Umwelt klafft dadurch eine breite Kontaktlücke, die mit den Jahren immer breiter wird und sie mehr und mehr isoliert.

Die Angst vor Verlust

Wer als Kind nach geglückten ersten Monaten schwere Beeinträchtigungen im familiären Umfeld durchzustehen hatte und so in seiner kindlichen Unbekümmertheit erschüttert wurde, wird unter Umständen auch im Erwachsenenalter immer wieder daran verschlüsselt erinnert werden und – so wie damals – ängstlich Menschen suchen, die ihm Halt und Sicherheit geben bis hin zum Streben danach, die trennende Distanz zwischen sich und den anderen Menschen soweit wie möglich aufzuheben. Sein zentrales Problem besteht darin, mehr als andere auf einen Partner angewiesen zu sein.

Wenn nun ein Mensch einen anderen Menschen so dringend braucht, wird er danach streben, die trennende Distanz zwischen sich und dem anderen soweit wie möglich aufzuheben. Die trennende Kluft quält ihn. Umso mehr ist jede Trennung von einem Partner mit Angst behaftet. Ferne bedeutet für ihn, alleingelassen und verlassen zu werden. Solche Angst kann ihn in tiefe Depression und Verzweiflung stürzen. Deshalb sucht er nach Sicherheit, die er in der Abhängigkeit von idealisierten Partnern vermutet. Die Angst vor Verlust ist sein vorherrschendes Thema. Dieser Angst versucht er dadurch zu entgehen, dass er das, was ihm wichtig ist, zugunsten der anderen Menschen aufzuopfern bereit ist. Er idealisiert sie, vor allem die ihm nahestehen, entschuldigt ihre Schwächen und übersieht ihre dunklen Seiten. Kurz: Er tut alles, um nur ja nicht aus ihrer Nähe und aus ihrem Wohlwollen herauszufallen, und entwickelt zur Sicherung der Zusammengehörigkeit altruistische Tugenden wie Bescheidenheit, Bereitschaft zum Verzicht, Friedfertigkeit, Selbstlosigkeit, Mitgefühl und Mitleid. Nicht diese Tugenden sind das Problem, sondern ihre Überwertigkeit und das ihr zugrunde liegende Ungleichgewicht zwischen Eigenliebe und Nächstenliebe. Wer aus Angst, alleingelassen zu werden, sich selbst vergisst und sich für andere Menschen aufopfert, wird im wahrsten Sinne des Wortes zum „hilflosen Helfer", der schmerzlich erkennen muss, dass er, um für andere da sein zu können, es auch gelernt haben muss, liebevoll mit sich selbst umzugehen und auf sich selbst nicht zu vergessen.

Die Angst vor Veränderung

Eine weitere Grundform der Angst ist die Angst vor Veränderung. Sie hat ihren Ursprung wohl in belastenden Lebenssituationen im sogenannten magischen Alter des Kindes. In gesunder Entwicklung explodiert in diesem Alter zwischen dem dritten und vierten Lebensjahr die Fantasie, gepaart mit Ängsten vor Gespenstern, Drachen und Hexen. Wenn ein Kind mit solchen Erlebnissen über längere Zeit alleingelassen wird, ist die daraus resultierende ängstliche Neigung gut nachzuvollziehen, auch im Erwachsenenalter alles beim Alten zu belassen und Änderungen jeder Art eher zu vermeiden, denn gerade diese Änderungen beunruhigen und machen Angst, der man ausweichen will. Die Folge ist ein zwanghaftes Verhalten, mit dem ein Mensch versucht, das Leben in Schemata und Regeln zu zwängen. Wenn sich etwas verändert, fühlt er sich gestört, beunruhigt, ja geängstigt, darum muss er neuen Erfahrungen ausweichen oder sie umdeuten. Alles, was ihn beunruhigt, lehnt er ab und versucht es überwertig zu vermeiden. Er kann es schwer annehmen, dass es im Bereich des Lebendigen keine Absolutheit und keine unveränderlichen Prinzipien gibt, er glaubt, alles in ein System einfangen zu können. Im Umgang mit dem Partner, mit Kindern und Angehörigen zeigt sich die zwanghafte Verhaltensweise eines solchen Menschen daran, dass er ihnen bewusst oder unbewusst zu viele Vorschriften zu machen versucht. Das geschieht nicht aus Herrschsucht, sondern in diesen Fällen aus

Angst, dass ohne diese rigorosen Vorschriften alles sofort unsicher, ja chaotisch würde.

Wie gesagt: Nicht die Angst ist das Problem. Das Ausmaß der Angst ist es und ihr unbewusster Gehalt aufgrund der gemachten Lebenserfahrungen, die im Menschen unauslöschlich eingeschrieben sind. Wenn die Angst unseren Alltag so sehr in Beschlag nimmt, dass sie als Damoklesschwert über unseren Köpfen hängt, dann haben wir es mit jener Angst zu tun, die das Neue Testament den Menschen nehmen wollte. Der Zuspruch „Habt Mut! Fürchtet euch nicht!" eliminiert die Angst nicht und redet sie auch nicht klein, er relativiert sie aber und nimmt ihr die alleinige Vormachtstellung im Epizentrum menschlichen Fühlens und Empfindens. Die dumpfe Brille der Angst ist dadurch nicht mehr die einzige Perspektive des Lebendigen.

Gegen diese alles lähmende Angst setzt der Wanderprediger aus Nazareth den Glauben, die Hoffnung und die Liebe als die stärkeren Trümpfe. Wer darüber in Streit gerät, was nun größer ist, die Liebe, wie Paulus meint, oder die „winzig kleine Hoffnung, die nach fast gar nichts aussieht", wie Charles Péguy schreibt, ist gut beraten, das eine nicht gegen das andere auszuspielen, die Bibel aufzuschlagen und dort nachzulesen. In ihrer Klugheit argumentiert die Bibel ganzheitlich. Der Glaube, von dem sie spricht, ist ohne Hoffnung und Liebe nicht denkbar. Erst in dieser seiner dreifach-dynamisch gelebten Praxis kann er „Berge versetzen" (vgl. Hiob 9,5; Mat 17,20; Mk 11,23). Im Deutschen wird die Redensart, dass der Glaube Berge versetzen kann, erst durch Luthers Bibelübersetzung geläufig. Im Christentum jedenfalls sind praktizierter Glaube, gelebte Hoffnung und die (nicht un-)tätige Liebe das Alternativprogramm zur lähmenden Angst, die einem Menschen die innere Freiheit raubt. Die sozialpsychologische Qualität dieser Botschaft kann auch aus psychohygienischen Gründen nicht hoch genug eingeschätzt werden.

G

Gänse

Der dänische Diplomat, Philosoph, Theologe und Schriftsteller Søren Aabye Kierkegaard (1813–1855) zeigt sich in seinen meist unter Pseudonymen veröffentlichen Schriften als engagierter Verfechter der Idee des Christentums gegen die Realität der Christenheit. In einer seiner Kurzgeschichten kommt dieses sein Anliegen geradezu paradigmatisch zum Ausdruck:

Gesetzt den Fall, die Gänse könnten sprechen, so würden sie gewiss auch ihre eigenen Gottesdienste halten; sie kämen jeden Sonntag zusammen. Und ein Gänserich würde predigen. Der wesentliche Inhalt seiner Predigt wäre etwa dieser: „Schaut, was für eine hohe Bestimmung haben doch die Gänse, was für ein hohes Ziel hat ihnen der Schöpfer gesetzt! Mit ihren Schwingen können sie in entfernte Länder, an gesegnete Gestade fliegen, wo sie eigentlich zu Hause sind. Zu überaus Großem sind sie berufen ..."

Das geschieht Sonntag für Sonntag, danach trennt sich die Versammlung, jede Gans watschelt heim zu den Ihren. Und dann wieder am nächsten Sonntag zum Gottesdienst und dann wieder nach Hause – dabei bleibt es.

Die Gänse gedeihen, werden fett, drall und delikat und am Martinsabend verspeist. Dabei bleibt es. Denn während die Reden am Sonntag so hochfliegend sind, wissen die Gänse am Montag einander zu erzählen, wie es einer Gans vor Kurzem ergangen ist, die Ernst hatte machen wollen mithilfe ihrer Flügel, die der Schöpfer ihr gegeben hatte, bestimmt für das hohe Ziel, das ihr gesetzt ist. Wie es ihr also ergangen ist, welche Schrecken sie ertragen musste, das erzählen sich die Gänse am Montag. Aber die Gänse, denen das am Montag erzählt wurde, wussten ganz genau, so klug waren sie allemal: Es wäre unpassend, darüber am Sonntag zu reden, denn so sagen sie sich, dann würde es ja offenbar werden, dass unser Gottesdienst eigentlich bedeutet, aus Gott und uns selber Narren zu machen.

Und am nächsten Sonntag gehen sie wieder zu den Gottesdiensten und der alte Gänserich predigt über das hohe Ziel, wozu der Schöpfer die Gans mit ihren Flügeln bestimmt habe. Die Gänse sitzen still und unbeweglich, zu den schönsten Stellen der Predigt nicken sie mit dem Kopf, nach dem Gottesdienst schnattern sie noch ein wenig darüber und watscheln nach Hause. Aber eines, eines würden sie in ihrem gesunden Werktagsverstand ganz bestimmt nie und nimmer tun: Sie würden nicht versuchen, ihre Flügel zu gebrauchen. Denn das wissen sie genau: Eine Gans ist nicht zum Fliegen da! Und: Würden sie beim Fliegen hoch hinauswollen, müsste dies ein böses Ende nehmen. Sie würden nicht einmal versuchen, ihre Flügel zu rühren. Das nicht. Und so kommen sie Sonntag für Sonntag zur Predigt; still und unbeweglich, nickend, schnatternd – aber ohne auch nur einmal ihre Flügel zu betätigen, geschweige zu fliegen.[18]

Gelb

Die Farbe Gelb wirkt exzentrisch, ist eindringlich und dynamisch, sie ist die hellste aller Farben. Gelb ist richtungweisend und zugleich verletzlich. Die kleinste Verschmutzung oder Eintrübung lässt die Farbe hässlich und giftig erscheinen. Ebenso scheint es mit der Wahrheit zu sein. Auch nur wenig getrübte Wahrheit ist krank, vergiftet und verseucht oft nur durch ein kleines Wort. Ingeborg Bachmann klagt: „Für eine Pointe wird eine Wahrheit geopfert, und gut gesagt ist halb gelogen."[19]

Der Symbolik des klaren Gelb liegt wohl immer die Erfahrung des ungetrübten Sonnenlichts zugrunde, das Erlebnis, wie es sich bei jedem Sonnenaufgang ereignet und mit dem zugleich alle Farben wiedergeboren werden aus der Verschattung der Nacht. Wer kennt nicht den begeisterten Lobpreis des Franz von Assisi an die

Schwester Sonne. Dante Alighieri ist von diesem Hymnus so beeindruckt, dass er die Geburt des Franziskus als das Aufgehen der
Sonne in dieser Welt besingt.

Grün

„Nach grüner Farb' mein Herz verlangt nach dieser schweren
Zeit", so singt ein Winterlied in Sehnsucht nach der Wiederkehr
der Vegetation, nach Wärme und Leben und mit all dem nach
dem Frühling des Gefühls ... In der christlichen Kunst ist Grün
die Farbe des Paradieses und die Farbe des Kreuzes: Marc Cha-
gall hat im Frauenmünster in Zürich inmitten eines grünen Le-
bensbaumes einen grün-goldenen Christus dargestellt. Das grü-
ne Christusfenster bildet den Mittelpunkt unter den vier übrigen
Fenstern, die jeweils auch auf einen farblichen Grundton – Rot,
Gelb und Blau – gestimmt sind. Grün, die Mitte des Farbsystems,
in der jüdischen Mystik die Farbe der Versöhnung und Barmherzigkeit, bildet das Zentrum der Fenster. Und der Christus in der
Mitte steht in seinem grüngoldenen Farbgewand als der Inbegriff
seiner Botschaft: „Ich bin gekommen, dass sie Leben haben – ja es
haben überreich!" (Joh 10,10, übers. v. Fridolin Stier)
Bei Hildegard von Bingen ist die Farbe Grün ein Synonym für
den Schöpfer. Hildegard, eine der ersten schreibenden Ärztinnen
des Mittelalters, entwickelt ihre gesamte Heilkunde rund um die
„viriditas". Aus der „Grünkraft" entsteht alles, in ihr manifestiert
sich der Atem des Schöpfers.

Geschenk des Herzens

Während seines Aufenthaltes in Paris geht Rainer Maria Rilke
(1875–1926) jeden Mittag in der Begleitung einer jungen Französin
an einer alten Bettlerin vorbei. Stumm, starr, unbeweglich und unbeteiligt sitzt sie Tag für Tag auf einem Mauerstück eines öffentlichen

Gartens. Zu keinem Geber schaut sie auf. Sie bittet nicht und dankt nicht. Sie sitzt einfach unbeweglich da und starrt vor sich hin. Legt einer ein Geldstück in ihren Handteller, dann holt sie die Hand zu sich zurück, lässt die Münze in ihrer Kleidertasche verschwinden und schickt die aufgetane Hand wieder von sich fort.

Während nun die Französin die Bettlerin stets mit einer ansehnlichen Gabe bedenkt, spendet Rilke nie etwas. „Man müsste ihrem Herzen spenden, nicht ihrer Hand", sagt er zu seiner Begleiterin, die sich über sein Verhalten wundert. Am nächsten Mittag trägt der Dichter eine kaum erblühte weiße Rose zart, behutsam und gütig zwischen den Spitzen seiner Finger. Über das Gesicht der Freundin läuft Freudenröte. Sie denkt: „Eine Rose für mich aus der Hand eines großen Dichters!" Doch sie bekommt die Rose nicht. Bei der Bettlerin angekommen, bleibt Rilke stehen und legt still die weiße Rose in die geöffnete Hand der alten Frau. Da geschieht, was bisher noch nie geschehen ist: Die Bettlerin schaut zum Geber empor, steht auf, greift nach der Hand des fremden Mannes, küsst sie und geht mit der Dichterrose fort.

An den folgenden Tagen meidet Rilke die Straße der Bettlerin. Die Freundin hingegen kann es nicht unterlassen, alle Tage den gewohnten Weg zu gehen, nur um – wie sie sich selbst zur Entschuldigung sagt – der Bettlerin die ihr täglich zustehende Münze zu geben. Doch zu ihrer großen Verwunderung trifft sie die Bettlerin nicht an. Nach einer Weile hält sie das Schweigen nicht mehr länger aus. Sie ist entschlossen, mit dem Dichter über die Wirkung seiner Gabe zu sprechen, und zwar, sobald er das nächste Mal an der Straße der Bettlerin vorübergeht. Aber genau in dem Augenblick, da sie ihre Frage stellen will, biegt Rilke in die seit einer Woche gemiedene Straße ein. „Jetzt können wir wieder hier entlanggehen, denn sie sitzt heute wieder an ihrem Platz", sagt er und hat recht. Die alte Bettlerin sitzt wie gewohnt auf dem Mauerstück, stumm, starr, unbeweglich, unbeteiligt. Und während die Rilke-Freundin eine Münze in die ausgestreckte Hand legt, die größer ist als je zuvor, und die Bettlerin diese auf die übliche Weise verschwinden lässt, gibt Rilke nichts. Die Freundin aber bewegt eine Frage, die sie nicht unterdrücken kann: „Wovon hat sie all die Tage, da niemand Geld in ihre Hand legen konnte, gelebt?" – „Von der Rose!", antwortet ihr Rilke.

Geschenk zur Hochzeit

Eine chinesische Parabel erzählt, dass die Brautleute nicht viel Geld haben, aber dennoch mit ihren Freunden Hochzeit feiern wollen. Geteilte Freude ist doppelte Freude! Es soll ein großes Fest werden, beschließen sie. Denn warum sollte unsere Freude nicht ansteckend sein? Es herrscht unter den Menschen ohnehin mehr Leid als Freude. Also bitten sie die Eingeladenen, je eine Flasche Wein mitzubringen. Am Eingang würde ein großes Fass stehen, in das sie ihren Wein gießen könnten, und so sollte jeder die Gabe des anderen trinken und jeder mit jedem froh und ausgelassen sein. Als nun das Fest beginnt, laufen die Kellner zu dem großen Fass und schöpfen daraus. Doch zum Erschrecken aller merken sie, dass sie Wasser trinken. Versteinert sitzen sie da. Ihnen wird bewusst, was jeder von ihnen gedacht hat: Die eine Flasche Wasser, die ich zum Wein gieße, wird niemand merken oder schmecken. Nun aber wissen sie alle, dass jeder von ihnen so gedacht hat. Unruhe, Unsicherheit und Scham erfasst sie alle. Als um Mitternacht das Flötenspiel verstummt, gehen alle schweigend nach Hause. Ein Fest kann nicht stattfinden, wenn die Geladenen sich weigern, ihren Beitrag zu leisten.

Gott begreifen

Sarvepalli Radhakrishnan (1888–1975), Indiens erster Staatspräsident, greift in seinem Werk „Die Gemeinschaft des Geistes. Östliche Religionen und westliches Denken"[20] eine kleine Erzählung auf, die nicht nur für den Buddhismus und Hinduismus, sondern auch für andere nicht christlich Gebildete in Asien charakteristisch sein dürfte: Ein König von Benares ruft zu seiner Zerstreuung etliche Bettler zusammen, die von Geburt an blind sind, und setzt einen Preis aus für denjenigen, der ihm die beste Beschreibung eines Elefanten geben kann. Zufällig gerät der erste Bettler, der den Elefanten untersucht, an dessen Bein, und er berichtet, dass der Elefant ein Baumstamm sei. Der zweite, der den Schwanz fasst, erklärt, der Elefant sei wie ein Seil. Ein anderer, welcher das Ohr greift, beteuert, dass der Elefant einem Palmenblatt gleiche, und so fort. Die Bettler beginnen miteinander zu streiten und der König ist überaus belustigt.[21]

In theologischen Diskussionen und erst recht, wenn es sich darin um die Gottesfrage handelt, sind wir bestenfalls blinde Bettler, die miteinander streiten. Der Streit darüber kann niemals das rechte Wort finden. Das gilt ja nicht nur für unterschiedliche Ansichten in Bezug auf Glaubensfragen, dort aber ist es besonders wichtig und überaus ratsam, denn dort haben nicht selten unterschiedliche Ansichten sehr schnell bittere Auseinandersetzungen zur Folge bis hin zu Mord und Totschlag. Der Hirnforscher und Religionswissenschaftler Andrew Newberg, ein Pionier der Neurotheologie, hat gemeinsam mit dem Therapeuten Mark Robert Waldman ein Buch mit dem Titel „Der Fingerabdruck Gottes"[22] geschrieben, dessen Erkenntnisse für mich überzeugend und in unserer Frage überaus ermutigend sind. Darin beschreiben die Autoren acht Wege der Fitness für Leib und Seele, Herz und Hirn.[23]

Die beiden wichtigsten Wege erkennen sie darin, Gespräche mit anderen Menschen zu führen und dabei auch Glaubensthemen nicht nur nicht auszusparen, sondern sich ganz besonders diesen zu widmen. Die Begründung dafür ist einleuchtend: Die Sprache und das menschliche Gehirn haben sich zusammen weiterentwickelt. Wenn wir unser Sprachvermögen nicht trainieren, führt dies dazu, dass große Teile des Gehirns nicht wirksam mit anderen neuronalen Strukturen verbunden sind. Ein Gespräch fordert und fördert also soziale Interaktion. Und wer sich in solcher Interaktion auf die Frage nach Gott einlässt, darf vielleicht entdecken, dass dieses Fragen aus dem Zündstoff gegenseitigen Vertrauens und nagenden Zweifels lebt. So bedeuten die stimmigsten Antworten bestenfalls präzise gestellte Fragen, mit denen man nie an ein Ende kommt.

Denn zu 100 Prozent können wir keiner Sache vertrauen. Wir können uns noch nicht einmal auf unsere Augen verlassen, wenn es zum Beispiel um Farben geht. Um spirituelles Interesse entwickeln zu können, brauchen wir Hoffnung, Optimismus und Zuversicht. Unter „Glaube" wird hier die Fähigkeit verstanden, unseren Überzeugungen zu vertrauen und sie anderen anzuvertrauen, auch wenn es keinerlei Beweise für deren Richtigkeit gibt. Darüber mit anderen ein Gespräch zu führen bedeutet geübte Achtsamkeit und Anteilnahme. Dabei geht es also nicht um unverrückbare Wahrheiten und schon gar nicht um einen Wettbewerb unter blinden Bettlern. Nicht ewig gültige Glaubenssätze sind das Ziel, sondern Anteilnahme am Glaubensgut eines anderen Menschen und um die Bereitschaft des Herzens, persönliche Erfahrungen als individuelle Mosaiksteinchen zum Erfahrungsschatz anderer dazuzulegen.

Gott und der Mensch, sein Mitgestalter

Bruder David Steindl-Rast wurde im Frühjahr 2015 bei einem Vortrag in der Konzilsgedächtniskirche in Lainz gefragt, wie er sich Gott vorstelle. In seiner Antwort betonte er zunächst, dass er dort, wo er von Gott zu reden beginne, auf das Wort „Gott" am liebsten verzichte. Damit vermeide er, dass in den Köpfen seiner Zuhörer Bilder entstünden, die eher Kontroversen auszulösen als einander ergänzende Einsichten zu liefern imstande wären.

Wer von Gott zu reden beginnt, hat keine Patentrezepte anzubieten. Ein Gespräch über Gott orientiert sich an der Herzmitte derer, die darüber reden, das heißt, sie dürften nichts dagegen haben, dass sie dabei Anteil geben und nehmen wollen am Erfahrungsschatz anderer Menschen. Dazu gibt es viele „einfache" Möglichkeiten: wohltuend argumentfreie Stille, Entzünden einer Kerze, Hören von Musik, gemeinsames Singen und/oder Beten, Rezitieren und gemeinsames Meditieren eines Gedichtes. Ein mir sehr vertrautes und in diesem Zusammenhang überaus geeignetes Gedicht stammt von Rainer Maria Rilke.

Es handelt (für mich) vom innersten Kern spiritueller Erfahrung, vom „Wagnis des gültigen Mitspielens", bei dem das Geschöpf sich „aus Gottes großem Brückenbau" nicht heraushebt, sondern sich einfügt, ohne dabei seine Unverwechselbarkeit zu verlieren, im Gegenteil, sich dadurch in der Welt als wesentlicher Teil eines größeren Ganzen wiederfindet, als Mitspieler auf Augenhöhe mit dem Schöpfer, als „Konkreator", als Miterschaffer dieser Welt. Für viele ist ein solches Denken purer Größenwahn und Hochmut. Mit dem Herzen betende Menschen können aber nicht hochmütig sein, sie geraten nur ins Staunen, wie wunderbar und rätselhaft zugleich diese Welt ist, und sie erkennen, dass sie in dieser ihrer Welt einen Mitgestaltungsauftrag haben, der sie nicht zum Größenwahn, sondern zum sozialen Engagement, zum „Dienmut" motiviert. Größenwahn und Hochmut als Grundhaltung dabei wäre der schlagende Beweis eines gründlichen Missverständnisses.

„Solang du Selbstgeworfnes fängst, ist alles
Geschicklichkeit und läßlicher Gewinn –;
erst wenn du plötzlich Fänger wirst des Balles,
den eine ewige Mit-Spielerin
dir zuwarf, deiner Mitte, in genau
gekonntem Schwung, in einem jener Bögen
aus Gottes großem Brücken-Bau:
erst dann ist Fangen-Können ein Vermögen, –
nicht deines, einer Welt. Und wenn du gar
zurückzuwerfen Kraft und Mut besäßest,
nein, wunderbarer: Mut und Kraft vergäßest
und schon geworfen hättest ... (wie das Jahr
die Vögel wirft, die Wandervogelschwärme,
die eine ältre einer jungen Wärme
hinüberschleudert über Meere –) erst
in diesem Wagnis spielst du gültig mit.
Erleichterst dir den Wurf nicht mehr; erschwerst
dir ihn nicht mehr. Aus deinen Händen tritt
das Meteor und rast in seine Räume ...[24]

Solange ich also die Welt nur innerhalb meiner selbst gebastelten Kategorien zu verstehen versuche, getrieben davon, andere mit meinen Jonglierspielen zu beeindrucken, ist und bleibt alles nur eine Frage von Geschicklichkeit, von lässlichem Gewinn und falschem Ehrgeiz, der über selbstverliebte Arroganz nicht hinausführt. „… erst wenn du plötzlich Fänger wirst des Balles, den eine ewige Mit-Spielerin dir zuwarf, deiner Mitte, in genau gekonntem Schwung, in einem jener Bögen aus Gottes großem Brücken-Bau: erst dann ist Fangen-Können ein Vermögen, – nicht deines, einer Welt."

Die Welt, das Leben wirft mir die Bälle zu. Meiner Mitte. Mir in mein Herz. Und ich muss jetzt bereit sein, diese Bälle aufzufangen in einem jener Bögen aus Gottes großem Brückenbau. Das bedeutet, dass es sozusagen in den innersten Strukturen des Kosmos verankert die Möglichkeit der Brücke zwischen individuellem Bewusstsein und der Welt gibt. Und erst wenn ich das begreifen und fangen kann, dann ist Fangen-Können ein Vermögen. Aber dieses Vermögen gehört nicht mir, es ist das Vermögen einer Welt, an der ich teilhabe, von der ich ein unverlierbarer Teil bin. Aber von dem, was ich vermag, von der in mir entdeckten Fähigkeit darf ich nicht sagen, dass ich es vermag, dass es mein Verdienst ist, nein, es ist das Vermögen eines größeren Ganzen, an dem ich meinen unverwechselbaren Anteil habe. Und das, so denke ich, ist auch damit gemeint, wenn Lukas dem Wanderprediger aus Nazareth die Worte in den Mund legt: „Seht, das Reich Gottes ist inwendig in Euch!" (Lk 17,21)

Wo immer wir hinschauen, welche religiöse Tradition wir auch betrachten, die Rede von Gott bewirkt eine Rede zu ihm und eröffnet über Kontemplation und Meditation einen Weg in den inneren Raum der Stille, wo der Mensch eben nicht nur auf sich trifft, sondern auf das Göttliche in ihm. C. G. Jung sagt: „Zum Selbst gelange ich nur, wenn ich auch das Gottesbild in mir verwirkliche." Im Innersten, in meiner „Mitte" stoße ich nicht nur auf Geschichte und darin auf meinen bisherigen Werdegang, sondern immer auch auf etwas, das mich übersteigt, etwas, das größer ist als ich selbst, auf das „Geheimnis des Lebens", oder welches Wort auch immer ich für das finde, was der christliche Glaube mit dem Wort „Gott" umschreibt.

An Gott zu glauben ist ein Geschenk, darüber glaubwürdig zu reden, eine große Herausforderung, ein täglich neues hochkomplexes Puzzlespiel. Immer wieder gerate ich in meinem beruflichen und privaten Alltag auf dieses Feld. Dabei hilft mir der Grundsatz einer religiösen Gemeinschaft: „Rede nicht von deinen Überzeugungen, wenn du nicht danach gefragt wirst, aber lebe sie so, dass du danach gefragt wirst!" Und wenn ich danach gefragt werde, bin ich gut beraten, nicht gleich drauflos zu argumentieren, sondern zurückzufragen, woher die Frage kommt, warum jemand gerade jetzt mir diese Frage stellt, was genau ihn interessiert und warum das für ihn wichtig ist. Ohne solche klärenden Rückfragen wird ein Gespräch, das zwei Menschen beginnen, sehr schnell zum Frage-Antwort-Spiel, das an der Oberfläche bleibt und nichts vom Innersten zum Klingen bringt.

Großvater

Das Wohnzimmer meines Großvaters war ein geheimnisvoller Raum. Dort gab es Dinge, die ich sonst nirgends finden konnte, und da gab es Zeit für mich, so viel ich wollte. Erst jetzt, ein halbes Jahrhundert später, ist mir bewusst, wie gerne ich in seiner Nähe war, wie wohl ich mich in seinem Wohnzimmer gefühlt habe. Er hatte Zeit für mich! Was das bedeutet, das weiß ich erst heute zu schätzen. Als Einziger im Dorf besaß er eine Schreibmaschine. Als sein ältestes Enkelkind durfte ich darauf schreiben, so oft ich wollte. Das wusste ich damals schon zu schätzen. Ihm verdanke ich es, dass mich die Beschäftigung mit dem geschriebenen Wort weit mehr interessierte als die Kühe im Stall und die Arbeit auf dem Felde.

In meiner Nachbarschaft habe ich dann stolz davon zu erzählen begonnen, aber sehr bald gemerkt, dass meine Freude darüber so gut wie von niemandem geteilt werden konnte. In der Folge habe ich aufgehört, anderen Menschen davon zu erzählen. Seither weiß ich, wie weh es tut, nicht verstanden zu werden. Bis heute bereue ich es, darüber viel zu lange mit niemandem gesprochen zu haben. Mein Großvater hätte mich verstanden. Er war ein kreativer Mensch voller Fantasie, immer auf der Suche danach, wie er sich in der Landwirtschaft Arbeit ersparen oder zumindest erleichtern kann. Jahrelang tüftelte er daran. Das Ergebnis war eine Reihe von angemeldeten Patenten, die unter anderem dafür sorgten, dass das Jäten im Garten weniger Mühe bereitet. Ein ganz besonderes Anliegen aber war ihm die Entwicklung eines Staubsaugers, der beim Dreschen des Getreides den Feinstaub beseitigt. Als die Wundermaschine ihren Betrieb aufnehmen sollte, gab es einen fürchterlichen Knall, seine Erfindung explodierte und um ein Haar wäre ihm dabei das Wirtschaftsgebäude abgebrannt. Kreidebleich und kleinlaut soll er dann zu meiner Großmutter gekommen sein und gesagt haben: „Thres, Thres, jetzt wär bald was passiert!" Viele Menschen lassen sich auf Wagnisse im Leben nicht ein, sie bleiben lieber vorsichtig, damit nur ja nichts passiert.

Heilige Schriften

„Heilige" Schriften werden in allen Kulturkreisen deshalb so genannt, weil sich in ihnen der Erfahrungsschatz des Menschen auf der Suche nach dem Wesentlichen bündelt. Deshalb sind solche Schriften heilsam, hintergründig klug, gesund, gut, wohltuend und kostbar. Die Bibel als großartige Sammlung von Träumen, Mythen, Märchen, Sagen und Legenden ist nur eines von vielen in diesem Sinn heiligen Büchern. Solche Bücher zu lesen, ihre Geschichten und Erzählungen zu verstehen, ist manchmal nicht leicht, manchmal durchaus auch eine hohe Kunst, viel öfter aber ziemlich einfach und lustvoll. Voraussetzung dafür ist es allerdings, dass die Leserin und der Leser sich unvoreingenommen in den Denk- und Erlebnishorizont der Autoren hineinbegeben.

In der rabbinischen Tradition findet sich die Geschichte eines jungen Flüchtlings, der in eine Stadt kommt, deren Bewohner ihn bereitwillig aufnehmen und verstecken. Dann kommen Soldaten auf der Suche nach dem Flüchtling, doch die Bewohner der Stadt behaupten, von nichts zu wissen. Die Soldaten schöpfen Verdacht und kündigen an, die ganze Stadt in Schutt und Asche zu legen, wenn der Flüchtling nicht bis zum nächsten Morgen ausgeliefert werde. Voller Angst kommen die Menschen zu ihrem Rabbi, um ihn um Rat zu fragen. Tief besorgt beginnt er, in der Schrift nach einer Antwort zu suchen. Die ganze Nacht liest er, ohne etwas zu finden. Da, kurz vor Sonnenaufgang, fällt sein Blick auf den Satz: „Es ist besser, dass einer für das ganze Volk stirbt, als dass alle zugrunde gehen." (Joh 11,50) Er ist sich sicher, dass das die Antwort ist, und kommt damit zu den Stadtbewohnern. Sie sagen den Soldaten, dass der junge Mann tatsächlich bei ihnen versteckt sei, und er wird abgeführt. Der Rabbi aber ist nicht beruhigt. Er setzt sich nochmals über seine Bücher. Ein Engel erscheint und fragt ihn, was er für ein Problem habe. „Ich bin mir einfach noch nicht sicher, ob es richtig war, den jungen Mann auszuliefern", sagt der Rabbi. Der Engel gibt zur Antwort: „Wusstest du nicht, dass das der Messias ist?" Ungläubig schaut ihn der Rabbi an: „Wie hätte ich das wissen können?", fragt er. „Hättest du dir die Zeit genommen, den jungen Mann aufzusuchen und ihm in die Augen zu schauen, anstatt in den Schriften zu suchen", entgegnet der Engel, „hättest du gesehen, dass er der Messias ist."

Wenn wir die Schrift, aus der der Rabbi liest, vom Leben loslösen, verzerren wir ihren Inhalt. Wenn wir die Geschichten von den Menschen loslösen, unter denen sie entstanden sind, verstehen wir sie falsch. Die Autorität „heiliger" Schriften liegt darin, dass sie über sich selbst hinaus verweisen auf Menschen und die Geschichte ihrer Erfahrungen. Machen wir das Buch zum Götzen, dann machen wir die Worte zur letzten Wahrheit und kommen in Schwierigkeiten, so wie der Rabbi in der Geschichte. Wo Schriften und Regeln wichtiger werden als die konkrete Not eines Menschen, verkommt die Sorge um die Seele zum Lippenbekenntnis.

Eugen Drewermann warnt an vielen Stellen seines umfangreichen Werkes, dass eine Auslegung heiliger Texte, die in der historischen Distanz des gelehrten Bildungswissens daherkommt, von der unmittelbaren Ergriffenheit nichts transportieren könne und in ihrem ganzen Wesen unreligiös und zum Zeugnis gegen sich selber verkommen müsse. Geschichten könnten uns nur dann berühren, wenn sie uns innerlich anrührten, wenn statt Erinnerung „Ver-innerung" möglich wäre statt „Begriffen-haben", „Ergriffensein". Alles andere wäre Heuchelei und Mummenschanz.[25]

Herzzeit

Ein Suchender ist jemand, der sucht, nicht unbedingt jemand, der findet. Auch ist es nicht unbedingt jemand, der weiß, wonach er sucht. Ein Suchender ist schlicht und einfach jemand, für den das Leben eine Suche ist. Eines Tages lässt ein Suchender alles liegen und stehen und macht sich auf den Weg. Nach zwei Tagesmärschen über staubige Wege fällt ihm ein wunderschöner Garten auf. Ein Bronzetor lädt zum Eintreten ein. Auf einem Stein liest er die Inschrift: „Abdul Tareg, lebte 8 Jahre, 6 Monate, 2 Wochen und 3 Tage."

Er erschrickt, weil er merkt, dass der Stein nicht einfach nur ein Stein, sondern ein Grabstein ist. Unweit davon steht auf einem anderen Stein: „Yamir Kalib, lebte 5 Jahre, 8 Monate und 3 Wochen."

Der Suchende versteht. Dieser hübsche Garten, ein Friedhof und der älteste hier begrabene Mensch kaum elf Jahre alt!

Da kommt der Friedhofswärter des Weges, schaut dem Fremden eine Weile zu und fragt ihn, ob er um einen Familienangehörigen traure. „Nein, kein Angehöriger", sagt der Suchende. „Aber was ist nur in diesem Dorf geschehen? Warum liegen hier so viele Kinder begraben? Was für ein böser Fluch lastet auf diesen Menschen?" Der Alte lächelt und sagt: „Es gibt keinen Fluch. Wir haben hier nur einen alten Brauch: Wenn bei uns ein Jugendlicher fünfzehn Jahre alt wird, schenken ihm seine Eltern ein kleines Heftchen, so wie dieses, das ich hier trage, und das hängt er sich um den Hals. Unser Brauch ist es, dass von diesem Moment an jeder Augenblick, in dem sein Herz höher schlägt, in dem er etwas sehr Schönes erlebt, in diesem Büchlein festgehalten wird. Links wird aufgeschrieben, was uns so glücklich gemacht hat. Und rechts, wie lange das Glück gedauert hat. Und so halten wir jeden freudvollen Augenblick in diesem Büchlein fest. Jeden einzelnen Augenblick als die erlebte Herzzeit. Und wenn jemand stirbt, so ist es unser Brauch, sein Büchlein aufzuschlagen und die Glücksmomente zusammenzurechnen, um das Ergebnis auf sein Grab zu schreiben. Denn für uns ist einzig und allein dies unsere wirklich gelebte Zeit."[26]

Hiob

Das Buch Hiob ist ein viel beachtetes Hauptwerk der Weltliteratur und eines der ältesten Zeugnisse eines Rechtsstreites zwischen dem Schöpfer und seinem Geschöpf.[27] Die Rahmenerzählung geht auf eine alte Volksüberlieferung zurück, die von einem vorbildlichen, frommen und gerechten Mann erzählt. Satan hegt den Verdacht, dass Hiob nur glaubt, solange es ihm gut geht, aber den Glauben verliere, sobald dieser Glaube ihm nicht mehr nützt. Gott und der Satan schließen daraufhin eine Wette ab. Hiob wird zum göttlichen Versuchsobjekt, der Schlag um Schlag alles verliert: In der Folge jagt eine „Hiobsbotschaft" die nächste: Seine Herden werden ihm gestohlen, Hab und Gut ein Raub der Flammen, Söhne und Töchter kommen ums Leben und schließlich wird Hiob selbst mit Krankheit geschlagen. Da kommen drei Freunde, um ihn zu trösten; was sie sehen, lässt sie verstummen: „Sie saßen mit ihm auf der Erde sieben Tage und sieben Nächte. Keiner redete Rede zu ihm, denn sie sahen, dass der Schmerz sehr groß war." (Hiob 2,13) Hiob ergreift in seiner Verzweiflung das Wort und verflucht seinen Tag: „Schwinde der Tag, an dem ich geboren ward, die Nacht, die sprach: Ein Männliches ist empfangen." (Hiob 3,3)
Der erste Freund bricht sein Schweigen und versucht zu „trösten" und gleichzeitig zu erklären, warum nach dem göttlichen Plan das alles so verlaufen müsse: „Da: o Glück des Menschleins, das von Gott gerügt wird! Die Zucht des Gewaltigen verschmähe nimmer! Denn er selbst fügt Schmerz zu und verbindet, er haut drein und seine Hände heilen." (Hiob 5,17–18) Mit solchen und ähnlichen Argumenten versuchen die Freunde, auf Hiob einzureden und ihm zu verstehen zu geben, dass er nur seine Schuld bekennen müsse, um vor Gott wieder als Gerechter dazustehen. Hiob aber wehrt sich dagegen. Er ist sich keiner Schuld bewusst und lässt sich diese auch nicht einreden. Er möchte nur wissen, was hier gespielt wird: „Aber ich, zum Gewaltigen will ich reden, mich verlangt's, es Gott zu erweisen." (Hiob 13,2)

Im Buch Hiob geraten im Grunde zwei Gottesbilder aneinander: Hiob sieht in Gott einen Gesprächspartner in Augenhöhe. Er erhebt Anklage, weil er nicht verstehen kann, in welch „teuflisches Spiel" er hier geraten ist; er ist sich keiner Schuld bewusst, wehrt sich mit aller Kraft dagegen und verlangt nach Aufklärung. „Gäbe es doch einen, der mich hört. Das ist mein Begehr, dass der Allmächtige mir Antwort gibt!" (Hiob 31,35) Und trotzdem verliert er nicht die Hoffnung, diesen fernen, abwesenden, schweigenden Gott endlich schauen zu können: „... da ich doch weiß, mein Auslöser lebt, und als der Spätgekommene wird vortreten er übern Staub, und noch nachdem meine Haut, dies da, zerfetzt ist, noch von meinem Fleisch aus werde ich Gott schauen." (Hiob 19,25) Das von Hiob bis in die schmerzlichste Erfahrung hinein gezeigte Selbstbewusstsein eines Menschen vor seinem Gott ist in der Religionsgeschichte erstmalig in diesem biblischen Buch belegbar. Das Geschöpf tritt in Augenhöhe seinem Schöpfer gegenüber. Für Hiob bringt der Glaube nichts ein, er macht sich keine Illusionen, er bekommt keine Antwort auf seine Fragen, aber er schließt zum Ende doch mit einer neuen Erfahrung: „Aufs Hörensagen des Ohrs habe ich dich gehört, jetzt aber hat dich mein Auge gesehen." (Hiob 42,5) Die Botschaft des Buches Hiob ist nüchtern: Unglück ist keine Folge von Schuld und Gerechtigkeit, ist keine Garantie für das Glück. Die letzte Gerechtigkeit, die Hiob entdecken kann, lautet: Der Glückliche und der Unglückliche landen beide in der Erde und Gewürm deckt sie zu. „Zur Grube ruf ich: ,Mein Vater bist du, meine Mutter!' und ,Meine Schwester!' zum Gewürm. Wo wäre somit meine Hoffnung?" (Hiob 17,14) Ganz anders das Gottesbild seiner Freunde: Sie haben für alles eine Erklärung und transportieren in ihren „Tröstungen" ein moralisierendes, archaisches Gottesbild, das das Leid aus der Schuldverstrickung des Menschen erklären will, ihm daher ständig ein schlechtes Gewissen mit auf den Weg gibt, im Grunde den Menschen klein macht und klein hält, damit Gott groß sein kann. Das Gottesbild der Freunde offenbart sich, wenn sie zu reden beginnen. Aber sie können Hiob damit nicht trösten, denn sie argumentieren auf der Basis eines traditionellen Gottesbildes, mit dem sie Hiob nicht mehr erreichen. Trotzdem wälzen sie ein und dasselbe Argument hin und her: Die Lage Hiobs zeige, dass er vor Gott Schuld auf sich geladen habe. Der Gerechte werde von Gott mit Gesundheit und langem Leben belohnt und gesegnet, der Schuldige hingegen müsse seine Schuld eingestehen, um vor Gott wieder Gnade erlangen zu können. Leid sei die auferlegte Strafe Gottes etc. Also reden die Freunde auf Hiob ein und raten ihm, seine Schuld zu bekennen und vor Gott Buße zu tun. Hiob aber wehrt sich dagegen: Er ist sich keiner Schuld bewusst.

Die Strategie der Genossen des Hiob besteht nach dem Muster einer naiven, archaischen Religiosität in der Form, Strafandrohung und Schutzbedürfnis miteinander zu vereinen: Mit Gott wird gedroht, von Gott wird getröstet. Dem Menschen wird gedroht und gleichzeitig Schutz angeboten. Die Rahmenbedingungen dieses archaischen Gottesbildes lauten: „Wen Gott liebt, den züchtigt er." Und die Haupttugend eines solchen moralisierenden Gottesglaubens ist der Gehorsam nach der Devise „blind gehorchen und aufs Wort parieren". Schon Martin Luther weist darauf hin, wer an einem solchen Gottesbild aus verständlichen Gründen ein besonderes Interesse haben wird: Feldwebel, Schulmeister, Pfarrherren und Landesherren. Ihr gemeinsames Interesse bestünde darin, so sinngemäß Luther, das Selbstbewusstsein des Menschen zu brechen, das Selbst des Rekruten, des Kindes, des Gläubigen, des Bürgers. Dabei geht es um das Kostbarste, das wir haben: unser Wollen, das aus dem Innersten kommt. Ein gebrochener oder verbogener Wille führt niemals ins Leben, sondern in die Depression, in die Entmutigung, in den Untergang …
Ein solches Gottesbild war auch die Zielrichtung der Freud'schen Religionskritik, weil es neurotisch, abhängig und krank macht. Ein solcher Glaube ist gefährlich und das Gegenteil von Ermutigung. Am Schluss des Buches Hiob ergreift Gott selbst das Wort und weist die Freunde zurecht: „Denn nicht habt richtig von mir ihr geredet, meinem Knechte Ijob gleich." (Hiob 42,7)

Hiob und Freud sind sich in ihrer Kritik darin einig, dass ein naiv-archaisch-moralisierender Gott ein Götze ist und den Menschen nicht erlösen und befreien kann. Im Unterschied zu Freud setzt Hiob dagegen aber einen Gott, der Beziehung ist und nicht mit Metaphysik, Moral oder Weltanschauung verwechselt werden darf. Hiobs Haltung Gott gegenüber zeigt, dass es nur einen einzigen Grund zu glauben gibt – und das ist Gott. Wie es nur einen einzigen Grund für die Liebe gibt, nämlich die Liebe, und einen einzigen Grund für das Leben, nämlich das Leben. Leben genügt dem Leben, Liebe genügt der Liebe, der Glaube genügt dem Glauben. Dieser Glaube aber muss nutzlos und zwecklos sein, nur dann ist er sinnvoll und Ausdruck von Freiheit. Im kirchlichen Umfeld wird manchmal von Gott zu groß und vom Menschen zu klein geredet. Bescheidenheit, Demut und Gehorsam werden überbetont; das stumme und ergebene Lamm, das zur Schlachtbank geführt seinen Mund nicht auftut (Jes 53,7), zum Vorbild erhoben. Ermutigung, die Stimme zu erheben, und wenn nötig zum brüllenden Löwen zu werden, ist im kirchlichen Kontext nicht leicht zu finden.

Das Buch Hiob zeigt: Als Glaubender hat man es schwerer in der Welt bei der Zusammenschau von Leiden, Unrecht und Gottesgegenwart. Dass es Atheisten leichter hätten, stellte schon Ernst Bloch fest. Aber die Kritik der Atheisten ist nichts im Vergleich mit der Kritik Hiobs an Gott, weil der Atheist an Gott ja nicht festhält, während Hiob durch alle Erfahrung hindurch an Gott festhält, das Leid nicht herunterspielt und verklärt oder erklärt. Hiob will nicht von Gott los, er will nur wissen, was mit Gott los ist. Gott ist für ihn kein Pädagoge, der Leid schickt, um die Menschen zu prüfen. Eine kirchliche Verkündigung, die in der Tradition von Hiobs Freunden argumentiert, wird die „Ergebenheit" Hiobs überbetonen, während sein Widerstand Nebensache wird: „Nackt bin ich aus dem Leib meiner Mutter gefahren, nackt kehre ich wieder dahin. Er ists, der gab, und Er ists, der nahm, SEIN Name sei gesegnet!" (Hiob 1,21) Zu Hiob befragte Christen zitieren oft diesen Satz. Sie verbinden mit dem Buch, wenn sie es kennen, nicht das Aufbegehren und den Protest, sondern die Demut und die Ergebenheit.

Humor

Zwischen Wien und Prag, in einer Hügelfalte des österreichischen Weinviertels, liegt Herrnbaumgarten, ein kleines Dorf mit knapp 1000 Einwohnern nahe der tschechischen Grenze. Dort befindet sich seit über dreißig Jahren das „Nonseum", ein Nonsens-Museum, in dem der Besucher den „falschen 5-Ziger", den „Wanderweg für Pessimisten", „Weinachterl, das 24.!", das „Einzelsocken-Mahnmal", die „Telefonzelle für Handys", die „Documenta triviale" und vieles mehr bestaunen kann. Sorgsam losgelöst vom Nützlichkeitsdenken des Alltags zeigt der „Verein zur Verwertung von Gedankenüberschüssen" (VVG) in diesem weltweit einzigartigen Museum 487,3 grenzgeniale Erfindungen, „die wir auch nicht brauchen". Epochale Weltverbesserungsvorschläge wie „der ausrollbare Zebrastreifen" oder „der halb automatische Nasenbohrer" treten mit dem „Schirm für Sonnenanbeter" in Konkurrenz. Alles nutz- und zwecklos, aber ansteckend sinnvoll!

Begonnen hatte alles 1984 mit der „1. Österreichischen Nonsens-Erfindermesse". Quartiergeber für das Museum war der Stall für Hugo, den Gemeindestier, dessen Wartezeiten auf eine willige Kuh immer länger wurden und er schließlich dem „Nonseum" Platz machen musste. Weil im Nonsens-Museum Dinge ausgestellt werden, die keiner braucht, wird Stier Hugo so zum ersten Museumsstück. Es mag vielleicht ein bisschen Sentimentalität mitgeschwungen haben, dass die erste Veranstaltung sich ganz den Vierbeinern widmete. Unter dem Motto „Bau Tier ein Haus" konstruierte man „Suppenfloße für Fliegen", „Schlafsackkolonien für Fledermäuse" und eine „Reihenhaussiedlung für Maulwürfe". Und da der Mensch ja sonst oft den Bedürfnissen seiner Mittiere wenig Beachtung schenkt, haben die Nonsensler die heiß ersehnte „Steckdose für Glühwürmchen" gebaut. Das ist wahrscheinlich nicht der einzige Spaß, den der Rest des Ortes nicht sofort besonders lustig gefunden hat. „Wir sind am Anfang sehr unbekümmert an die Sache herangegangen", so Fritz Gall. Kopfschütteln und so mancher Zeigefinger in Richtung Stirn der Dorfbewohner waren dann auch für ihn und seinen Kollegen Friedl Umschaid ein häufiges Begrüßungsritual. Plötzlich aber kamen Touristen und mit ihnen Geld in die Region. Da wurde das Kopfschütteln seltener, aber so ganz verschwunden ist es bis heute nicht. Soll das lustig sein, so fragen viele?

Das Wort „Humor" kommt aus dem Lateinischen und bedeutet ursprünglich die aus dem Boden (*„humus"*) gezogene „Feuchtigkeit" oder „Flüssigkeit". Noch präziser aus dem Lateinischen übersetzt sind *„humores"* die „Erdsäfte". Auf den menschlichen Körper bezogen sind es die Körpersäfte Schleim, Blut, schwarze Galle und gelbe Galle. Ihre jeweilige Dominanz galt für die antike Temperamentenlehre, wie sie vom Leibarzt des Kaisers Marc Aurel, dem griechischen Arzt Galenos von Pergamon (um 130–200 n. Chr.), überliefert wurde, als Ursache für die typologischen Besonderheiten von Phlegmatikern, Sanguinikern, Melancholikern und Cholerikern. Ein „guter Humor" hängt nach dieser Ansicht von einem ausgeglichenen Verhältnis dieser Körpersäfte ab. Der Phlegmatiker leidet demnach an zu viel Schleim, der Sanguiniker an zu viel Blut, der Melancholiker an zu viel schwarzer, der Choleriker an zu viel gelber Galle. Die innere Balance und Ausgeglichenheit eines Menschen, so Galenos, hängt von der Balance dieser seiner Körpersäfte ab. Wenn das auch aus heutiger Sicht medizinisch ungenau formuliert sein mag, ein stimmiges Bild für die Notwendigkeit innerer Balance ist es allemal. Humor ist so gesehen die Kunst, wieder in Balance zu kommen, herauszufinden aus persönlicher Blindheit und/oder einseitiger Sichtweise.
Der Individualpsychologe Alfred Adler geht davon aus, dass ärztliches Handeln in „sozialer Gleichwertigkeit" begründet ist. Arzt und Patient treffen dabei die Vereinbarung, in einer Atmosphäre, die von gegenseitigem Respekt und Kooperation geprägt ist, als

Gleichwertige miteinander zu arbeiten. Die Bedeutung einer humorvollen, heiteren Gemütsverfassung als Ausdruck seelischer Gesundheit ist von Adler immer wieder herausgestellt worden.

Dies mag zunächst ein Ausdruck seiner eigenen Lebenseinstellung gewesen sein, die – ganz im Gegensatz zu der zurückhaltenden Behandlungspraxis von Sigmund Freud – von augenzwinkernder, fröhlicher Offenheit geprägt war.

Adler begründet diese humorvolle Offenheit durch Hinweise auf die „sozial verbindenden Affekte" der Freude und Heiterkeit. Diese sind für ihn wichtige Kennzeichen psychischer Gesundheit. Heitere Menschen seien demnach „gute Menschen" und „Gutsein" fördere Heiterkeit, ist Adler überzeugt. Heitere Menschen sind für ihn die, die nicht immer bedrückt und besorgt einhergehen, auch die anderen nicht immer zum Objekt und Träger ihrer eigenen Sorgen machen, es sind Menschen, die es über sich bringen, im Zusammensein mit anderen Menschen Heiterkeit auszustrahlen, das Leben zu verschönern und lebenswerter zu machen. Den guten Menschen, sagt Adler, spüre man nicht nur in seinen Handlungen, in der Art, wie er sich uns nähert, mit uns spricht, auf unsere Interessen eingeht, sondern auch in seinem ganzen äußeren Wesen, in seiner Miene und Gebärde, in freudigen Affekten und in seinem Lachen. Und er verweist auf den tiefblickenden Psychologen Dostojewski, der meint, dass man einen Menschen am Lachen viel besser erkennen könne als aus langwierigen psychologischen Untersuchungen.[28]

Humor ist die Kunst, die Welt und das eigene Leben auch aus anderer Perspektive anzuschauen. Deshalb ist Humor nicht in erster Linie eine Methode guter Unterhaltung, sondern die Kunst differenzierter Wahrnehmung. In meiner Praxis halte ich für schwierige Gesprächssituationen einen „Glückswürfel" (1965/2002) bereit, ein Kunstwerk des Konzeptkünstlers Timm Ulrichs (geb. 1940), das auf allen sechs Würfelseiten sechs Punkte zeigt. Diesen Würfel schenke ich seit Jahren denen, die mir in besonders aussichtslos scheinenden Situationen ihr Vertrauen schenken. Und ich habe es noch nie erlebt, dass mein kleines Geschenk meinem

Gegenüber nicht ein spontanes Lächeln hätte entlocken können.

Den Plan, einen solchen Glückswürfel dem Nonsens-Museum in Herrnbaumgarten zur Verfügung zu stellen, musste ich wieder verwerfen, weil er den dortigen strengen Aufnahmebedingungen nicht entsprechen kann. Mit seiner Verwendungsgeschichte in meiner Praxis ist er zwar, wie seine Kolleginnen und Kollegen im „Nonseum", höchst sinnvoll, aber eben leider nicht mehr nutz- und zwecklos.

I

Im falschen Zug

In meinen römischen Studienjahren besuche ich einmal von Rom aus meine jüngste Schwester Bernadette, die mit ihrer Schulklasse eine Woche in Florenz verbringt. Ich steige in den Zug, fahre nach Florenz, finde ohne große Schwierigkeiten meine Schwester und erlebe mit ihr ein paar unbeschwerte Stunden. Am frühen Abend steige ich in den Zug, um wieder nach Rom zurückzufahren.

Da kommt mir im Abteil eine aufgeregte Studentin aus England entgegen. Sie fragt mich, ob das wohl der richtige Zug nach Paris sei. Ich sage ihr, dass sie im Moment nach Rom unterwegs ist, helfe ihr aber gerne und begleite sie als Dolmetsch zum Schaffner, um nicht zu viel Zeit zu verlieren und den richtigen Zug in die richtige Richtung zu finden ...

Der Schaffner ist ein freundlicher Mann. Er hört sich unsere Geschichte an, lobt mich für mein gutes Italienisch, blättert in seinem Fahrplan und teilt mir dann nicht ganz ohne Schadenfreude mit, dass nicht die englische Studentin, sondern ich im falschen Zug sitze!

Damals hätte ich viel darum gegeben, mich nicht geirrt zu haben und zur richtigen Zeit in den richtigen Zug gestiegen zu sein! Heute, vierzig Jahre später, denke ich mir: Viel zu oft in meinem Leben bin ich zur richtigen Zeit in den richtigen Zug gestiegen. Viel zu oft ist viel zu viel nach Plan gelaufen. Heute kann ich viel besser verstehen, was Wernfried R. Hübschmann gemeint haben könnte, wenn er in seinem Gedicht „Einverständnis" schreibt:

„Ich lasse mich gern aus der Fassung bringen,
denn immer gerate ich dann
in eine andere!"[29]

Inquisition als Hilfe für die Institution

Fjodor Dostojewski erzählt in seinem Roman „Die Brüder Karamasow" von drei getrennt aufgewachsenen Brüdern. Iwan und
Aljoscha treffen sich – für beide ungewöhnlich – in einer Kneipe
und lernen einander erstmals im Gespräch näher kennen. Unweigerlich kommen sie dabei auf Gott zu sprechen. Iwan, un-
gebunden und frei, ist der ungläubige Thomas, voll Zweifel und
Zorn. Aljoscha, freiwillig gebunden, hat seine Seele dem Herrn
geschenkt. Er gemahnt Iwan, dass Gott alles verzeihen könne, da
Er sein unschuldiges Blut für alle und alles gegeben habe. Hier be-
schließt Iwan, Aljoscha eine Geschichte zu erzählen, die er voller
Begeisterung ersonnen, doch, nie aufgeschrieben, im Gedächtnis
mit sich trägt: Sein Poem heißt „Der Großinquisitor", es ist, wie er
sagt, abgeschmacktes Zeug, doch er möchte es gerne zum ersten
Mal jemandem mitteilen. Iwan hat schon einiges getrunken, darum wird seine wohldurchdachte Geschichte von ihm leicht wirr
wiedergegeben:
Jesus kommt für einen Augenblick wieder auf die Erde. Im
16. Jahrhundert. Mitten in Sevilla. Soeben sind hundert Häreti-
ker von der Inquisition qualvoll hingerichtet worden. Da tritt ein
Mann auf. Obwohl er kein Wort spricht, wird er von allen erkannt.
Es ist Er, der schon vor sechzehnhundert Jahren auf Erden wan-
delte und von dem, wie damals, so auch jetzt, eine heilende Kraft
ausgeht, die, wie in biblischen Zeiten, ein totes Mädchen wieder
zum Leben erweckt.
In diesem Moment überquert der Kardinal Großinquisitor den
Platz, sieht Jesus und lässt ihn verhaften. Ein großartiges Szenario
im Widerstreit von Charisma und Macht: Um Mitternacht besucht
der Großinquisitor seinen Gefangenen im Kerker zum Verhör. Er
erklärt ihm, dass er kein Recht habe, ungefragt auf die Erde zu-
rückzukommen und die Ordnung, welche die Kirche in über tausend Jahren errichtet habe, zu stören. Jesus schweigt zu alledem.
Aus dem Munde des Kardinals erfahren wir den Grund dafür:
Er, Jesus, hätte bereits alles gesagt, seine Lehre ist verbreitet und

nun wäre es die Aufgabe der Institution, den Menschen das hohe Erbgut, das „*depositum fidei*", den Schatz des Glaubens in für die schwachen Menschen verkraftbarer Form zu bewahren. Denn das sei das Schlimmste und Gefährlichste dieses Jesus damals in Nazareth gewesen. Er hätte ahnungslosen und unverständigen Menschen, die nicht in der Lage seien, persönliche Entscheidungen zu treffen, von der Freiheit gesprochen. Diese Freiheit den Menschen zu ihrem eigenen Wohl wieder wegzunehmen, das wäre eine der wesentlichsten und schwierigsten Aufgaben der Kirche. Als der Kardinal mit seinen Ausführungen fertig ist, möchte er von Jesus eine Antwort:

„Sein Schweigen bedrückt ihn. Er hat gesehen, dass sein Gefangener ihm die ganze Zeit still und aufmerksam lauschte, ihm dabei offen in die Augen sah und anscheinend nichts einwenden wollte. Der Greis möchte, dass Er ihm etwas sage, irgendetwas, mag es auch Bitteres, Furchtbares sein. Doch Er tritt stumm auf den Greis zu und küsst ihn sacht auf die blutleeren neunzigjährigen Lippen. Das ist die ganze Antwort. Der Greis erzittert. Etwas zuckt in seinen Mundwinkeln; er geht zur Tür, öffnet sie und spricht zu ihm: ‚Geh, und kehr nie wieder … kehr überhaupt nicht wieder … niemals, niemals.' Und er lässt ihn hinaus auf die ‚finsteren Gassen der Stadt'. Der Gefangene geht fort."[30]

Vor ein paar Jahren habe ich diesen Text mit Freunden an einem Aschermittwoch mit verteilten Rollen gelesen und dabei wiederentdeckt, welche Kraft in dieser Erzählung steckt. Ihre kritische Kraft richtet sich ja nicht nur gegen die vom Großinquisitor vertretene Institution der Kirche, sie meint jede Art der Bevormundung durch Über-Ich-Instanzen, die glauben, dem einfachen Menschen mit höchstem Machtanspruch sagen zu dürfen, was er zu tun und erst recht was er zu lassen hätte. Das Gegenrezept des Mannes aus Nazareth aus der Sicht des Fjodor Dostojewski ist ein stummer Kuss auf blutleere Lippen!

J

Janus

Janus ist der römische Gott des Anfangs und des Endes, des Eingangs und des Ausgangs, der Gott der Türen und Portale, der Gott der Stadttore und der kleinen Hintereingänge. Alle Kalenderdaten, die Anfänge symbolisieren (Tage, Monate, Jahre), waren ihm gewidmet. Der Monat Jänner trägt seinen Namen. Bei der Anrufung mehrerer Götter wurde sein Name immer zuerst genannt. Janus ist ein römischer Gott, die griechische Götterwelt kennt keine vergleichbare Gestalt. Der Gottesname ist auch mit *„janua"*, der lateinischen Bezeichnung für „Tür", verwandt. Bereits in mittelrepublikanischer Zeit wurde ihm der Ehrenname *pater* (Vater) verliehen. Sein Symbol ist die bärtige Doppelgesichtigkeit, Zeichen für die Gegenwart des Anfangs und des Endes aller Dinge.

Im Vorzimmer meiner Praxis begrüßt ein Januskopf meine Besucher. Werde ich nach seiner Bedeutung gefragt, antworte ich, dass er mir gefällt, wer mehr wissen will, den lade ich gerne ein, mir zu erzählen, was dieser Kopf einem Menschen sagt, der zum ersten Mal vor ihm steht. Sieht er auch die Doppelgesichtigkeit? Entdeckt er darin Mann und Frau, Jugend und Alter, vielleicht sogar *animus et anima?* Oder vermag er vielleicht an dieser Skulptur in der Nähe des Eingangs und Ausgangs zur Praxis ein Symbol für den therapeutischen Prozess zu erkennen? Im Blick zurück die analytische Neugier bis hin zu den Wurzeln der eigenen Existenz? Im Blick nach vorne die Frage, was Vergangenheit und Gegenwart für die Zukunft eines persönlichen Lebens bedeuten?

Dieser Januskopf steht für das Helle und Dunkle, für das Lichtvolle, für das Glänzende und für die Schattenseite im Leben jedes einzelnen Menschen. Es gibt Zeiten des Krieges, des Kampfes, der Krise, der Auseinandersetzung, und es gibt Zeiten der gelösten

Ruhe, der heiteren Gelassenheit, des Auf- und Durchatmens. Zur Mitte der Nacht beginnt ein neuer Tag. Der Dunkelheit und Resignation folgen Zuversicht und Wagemut, der unheimlichen Mitte der Nacht folgt nach und nach der Anbruch eines neuen Tages. Der Januskopf in meiner Praxis ist ein steingewordenes Symbol dafür, wie es im menschlichen Leben von der Wiege bis zur Bahre zugeht. Ein ständiges Wandern zwischen Krieg und Frieden, zwischen Resignation und Entmutigung, zwischen Enttäuschung und Hoffnung.

Jennie

Jennie hat alles. Sie schläft auf einem runden Kissen im oberen Stockwerk und auf einem viereckigen Kissen im unteren Stockwerk. Sie hat einen eigenen Kamm, eine Bürste, zwei verschiedene Pillenfläschchen, Augentropfen, Ohrentropfen, ein Thermometer und einen roten Wollpullover für kaltes Wetter. Sie hat zwei Fenster zum Hinausschauen und zwei Schüsseln für ihr Futter. Und sie hat einen Herrn, der sie liebt. Doch das kümmert Jennie wenig. Um Mitternacht packt sie alles, was sie besitzt, in eine schwarze Ledertasche mit einer goldenen Schnalle und blickt zum letzten Mal zu ihrem Lieblingsfenster hinaus.
„Du hast alles", sagt die Topfpflanze zu Jennie, der Hündin. „Du hast zwei Fenster", sagt sie, „ich habe nur eines." Jennie schaut sie mit großen Augen an. Die Pflanze fährt fort: „Zwei Kissen, zwei Schüsseln, einen roten Wollpullover, Augentropfen, Ohrentropfen, zwei verschiedene Fläschchen mit Pillen und ein Thermometer. Vor allem aber liebt er dich ... Warum gehst du dann fort?"
„Weil ich unzufrieden bin", sagt Jennie und beißt dabei gedankenlos den Stängel mit der Blüte ab. „Ich wünsche mir etwas, was ich nicht habe. Es muss im Leben noch mehr als alles geben!"[31]
Dieses Märchen bringt eine Grundbefindlichkeit der modernen Wohlstandsgesellschaft auf den Punkt: Noch nie ist es uns so gut gegangen wie heute. Nie zuvor war der Frust darüber so offen-

kundig und die Sehnsucht nach Sinn und einem erfüllten Leben den Menschen so deutlich ins Gesicht geschrieben. In der Hitliste der Krankheiten stehen seelische Störungen mit an oberster Stelle: „Ich gehe, weil ich unzufrieden bin, es muss im Leben noch mehr als alles geben." Noch nie haben wir so viel persönliches Eigentum besessen. Noch nie fühlten sich die Menschen so vom Verlust von Hab und Gut bedroht wie heute. Noch nie wurden in der Folge so viele Versicherungsverträge abgeschlossen. Mit diesen Versicherungen steigt die Vorstellung, das Leben mit allen Eventualitäten in der Hand zu haben. Wie nie zuvor in der Geschichte ist das Individuum heute versichert, was wohl auch bedeutet: Noch nie war es so verunsichert. Der 11. September 2001 hat dieser Verunsicherung noch einmal eine neue Qualität gegeben: Es ist der Ruf der Versicherung nach der Versicherung! Die Frage der „Rückversicherung" ist mit einem Male zu einer Frage von explodierenden Kosten geworden.

Johannes XXIII.

Als der Kirchturm in meiner ehemaligen Pfarre Klein St. Paul in Kärnten neu eingedeckt wurde, hatten wir zum Abschluss der Renovierung in der goldenen Kugel auf der Spitze des Turms eine Botschaft für die hinterlegt, die es in späterer Zeit wieder unternehmen werden, das Gebäude zu erneuern. Es ist ein aus dem geistlichen Testament von Johannes XXIII. genommener Gedanke, der die Vision einer Sorge um die Menschen aufzeigt, die nicht innerhalb der Kirchenmauern bleibt: „Mehr denn je, bestimmt mehr als in den letzten Jahrhunderten, sind wir heute darauf ausgerichtet, dem Menschen als solchem zu dienen, nicht bloß den Katholiken, darauf, in erster Linie und überall die Rechte der menschlichen Person und nicht nur diejenigen der katholischen Kirche zu verteidigen."
Diese im besten Sinn des Wortes „katholische" Perspektive hat mich in den Jahren meiner Verantwortung als Seelsorger beflügelt.

Jede andere Art eines helfenden Berufes, wie unterschiedlich die jeweiligen Schwerpunkte auch sein mögen, wird mit dieser Sicht auf den Menschen einverstanden sein können. Der Mensch als solcher steht im Mittelpunkt der Aufmerksamkeit, seine Rechte und vor allem seine Not sind für Helfende das oberste Gebot. In geglückten Begegnungen vermag niemand zu sagen, wer der Schenkende und wer der Beschenkte ist.

Josef Winkler

„Wenn mir nicht ein Satz wie ein Mühlstein um den Hals hängt, wozu soll ich ihn dann loswerden?" Diese Zeile des Georg-Büchner-Preisträgers Josef Winkler führt in das kryptische, abgrundtiefe Werk eines großen Schriftstellers. Aufgewachsen in Kamering in Kärnten, ist er in jungen Jahren zum Schweigen verurteilt. Seine Alternative: „Stirb oder schreibe!" Er entscheidet sich fürs Schreiben. Das Schicksal zweier Freunde bestärkt ihn darin. Sie erhängen sich mit einem Kälberstrick. Wer Winklers frühe Werke liest, begegnet seinen beiden jungen Freunden oft. Der „Winkler'sche Kälberstrick" wird zum Leitmotiv seines literarischen Schaffens. Dieser Strick, mit dem die Bauern ihre Kälber aus dem Mutterleib der Kühe ziehen, mit dem sie die Leibesfrucht ihrer Rinder ins Leben holen, ist gleichzeitig der Strick, mit dem sie ihre Kinder schlagen, bevor diese sich daran erhängen, um vor ihrer Zeit, weil ihre Zeit nicht in Sicht ist, aus dem Leben zu gehen. Eine wehtuende Metapher, die viele, vor allem in Winklers Kärntner Heimat, für unappetitlich und maßlos übertrieben hielten. Manche reagierten paradox-intentional und protestierten so laut, dass gerade dadurch bestätigt wurde, wie erbarmungslos präzise Winkler das Schicksal erbarmungslos mundtot gemachter Leidensgefährten zu benennen wusste.

Josef Winkler hat mit seinem literarischen Schaffen Entsetzen ausgelöst, Menschen gegen sich aufgebracht, andere aber wachgerüttelt und sehend gemacht. Nichts vermochte ihn daran zu hindern, auf diese seine unverwechselbare Art sein Schreiben gebetsmühlenartig als Stimme für die zu begreifen, deren Stimme, zu lange nicht gehört wurde, schließlich ganz verstummen musste. Josef Winkler ist damit im tiefsten Sinn des Wortes zu einem „Allerarmenseelenschriftsteller" geworden. Durch seine frühen Werke gibt er denen eine Stimme, über die zu Lebzeiten der Mantel des Schweigens gebreitet wurde. All diese stummen, vor ihrer Zeit Begrabenen versucht Winkler mit dem Kälberstrick seines Schreibens wieder aus den Gräbern zu holen.

Sein Vater, mit dem er zeitlebens ein sehr schwieriges Verhältnis hat, warnt ihn davor, „wenn es bei mir einmal so weit ist" beim Begräbnis anwesend zu sein. Die Nachricht vom Tod seines 99-jährigen Vaters erreicht den Schriftsteller in Tokio, im Stadtteil Roppongi. Für Winkler ein Wink des Schicksals. Er fährt nicht zum Begräbnis. Er verabschiedet sich von seinem Vater mit einem Buch, das er nach dem Ort benennt, an dem ihm dessen Tod mitgeteilt wurde: „Roppongi. Requiem für einen Vater."[32] 2008 erhält er dafür den „Georg-Büchner-Preis".

K

Kardinal König

Im Jahre 2002 probe ich mit meinem Freund Markus, einem begnadeten Stimmenimitator, eine Überraschungsnummer für den 70. Geburtstag seines Vaters. Nach unserer Probe verabschiedet sich Markus. Kaum ist er verschwunden, klingelt bei mir das Telefon und am anderen Ende der Leitung sagt jemand: „Hier ist Kardinal König!" Ich lache: „Markus, mein Kompliment! Das klingt, als wär's der Kardinal!" Nach einer kurzen Pause antwortet mir die Stimme am anderen Ende der Leitung: „Ich freu mich, dass Sie so fröhlich sind!" Es ist tatsächlich Kardinal König, der mich mit seinen 97 Jahren anruft, um mit mir über Fragen der Seelsorge in Großstädten zu diskutieren. Er wäre gerade dabei, zu diesem Thema einen Aufsatz für eine Zeitschrift zu schreiben, und dazu wäre ihm meine Meinung willkommen. Ich werde dieses Telefonat nie vergessen. Und als ich wenige Wochen später dem Kardinal persönlich begegne, schmunzelt er und bittet mich, ihm nochmals zu erzählen, warum ich damals bei unserem Telefonat so fröhlich gewesen bin.

Ein guter Rat weiser Menschen lautet, wir sollten möglichst jeden Tag danach trachten, mit Menschen zu reden, die weit jünger und weit älter sind als wir: So könnten beide Seiten voneinander lernen und dabei entdecken, dass jeder Mensch jedem Menschen etwas zu sagen hat, vorausgesetzt allerdings, dass er neugierig bleibt und Hochachtung hat vor der Erfahrung anderer Menschen. In einem afrikanischen Märchen setzt der König einen alten Mann mit folgenden Worten zum ersten Minister ein: „Deine Weisheit soll künftig mein Königreich leiten, denn was ein alter Mensch im Sitzen sieht, sieht ein junger nicht einmal im Stehen."

Kinderfragen

Die knapp sechsjährige Julia fragt ihre Mama: „Mama, du hast gesagt, dass der liebe Gott die ganze Welt erschaffen hat! Wer aber hat dann den lieben Gott erschaffen?"

Die Mama schaut ihre kleine Tochter an und sagt: „Das ist aber eine gescheite Frage, über die ich noch nie nachgedacht habe."

Und die beiden fangen an, darüber ein hoch philosophisches Gespräch zu führen: Wie mag das wohl gewesen sein mit dem Anfang der Welt und so ...

Dabei reden sie so innig miteinander, dass die gemeinsam hin und her gewälzten Fragen wichtiger werden als kluge Antworten. Und mittendrin sagt die Mama zu Julia: „Als ich so groß war wie du, konnte ich noch keine so gescheiten Fragen stellen!"

Mit einem Leuchten in ihren Augen sagt darauf die Julia: „Mama! Wenn den lieben Gott jemand erschaffen hätte, dann wär ja der der liebe Gott!"

Kleine Kinder sind große Philosophen! Wenn wir sie dazu ermutigen, wenn wir mit ihnen reden, dann stellen sie uns nicht nur wichtige Fragen, sie finden auch – wie von selbst – die richtigen Antworten darauf.

Klang der Stille

Mein Freund Bruno schenkt mir vor Jahren zu Weihnachten eine CD.

Er ist Tonmeister, geboren in Klagenfurt, lebt und arbeitet, wie so viele Kärntner, in Wien.

Die CD, die er mir schenkt, heißt „Stilles Plätzchen". Darauf zu hören ist der Klang der Stille an für ihn persönlich bedeutenden Orten: Mongolei, Changai-Gebirge, London, New York, Wien, Singapur, Port-au-Prince, Paris.

Die Aufnahme beginnt mit Großstadtlärm. Die erste Minute ist sehr laut, die weiteren Teile des Stückes sind sehr leise ... Beim

Hören merke ich, wie gut die Stille tut; ich werde immer ruhiger und hoffe dabei, dass da jetzt kein Ton mehr kommt, der diese Stille stören könnte … In der Stille komme ich zu mir selbst, zu einer Mitte, die mich trägt! Je öfter ich mich so wahr-nehme, desto besser weiß ich: Ohren zu haben bedeutet noch lange nicht, hören zu können! Was Antoine de Saint-Exupéry über die Augen sagt, das gilt auch für die Ohren: Man hört nur mit dem Herzen gut! Dann aber kann ich auch hinter den Worten und zwischen den Zeilen hören! Darum sehne ich mich immer wieder fort aus dem Geschrei der Stadt … „Und möchte in die Stille zu Besuch."[33]

Labyrinth

Im Schlosspark von Schönbrunn halten die österreichischen Bundesgärten für die Besucher ein liebevoll gestaltetes Labyrinth bereit. Wer es betritt, geht in die Irre, verirrt sich, verliert sich, vergisst darüber vielleicht die schnurstracks vorgezeichneten Wege des Alltags. Während ich so durch diesen Garten irre, muss ich an ein anderes Labyrinth denken, an das über 750 Jahre alte, weltberühmte Fußbodenlabyrinth in der Kathedrale von Chartres. Beide haben etwas für sich. In Schönbrunn ein barockes Labyrinth, ein Irrgarten, der die Menschen einlädt, hindurchzuwandern und dabei immer wieder damit konfrontiert zu werden, dass sie in einer Sackgasse landen. Ein solch entspanntes Herumirren ist ein stimmiges Bild für unsere täglichen Erfahrungen.

Das andere, das Labyrinth von Chartres, ist ein kreisrundes Labyrinth in der Kathedrale. Der eintretende Besucher kommt herein und wird eingeladen, diesen labyrinthischen Weg zu gehen und sich bei jeder Biegung überraschen zu lassen, wo er hingelangt. Im Unterschied zum Irrgarten in Schönbrunn geht der Wanderer, der dieses Labyrinth in Chartres durchwandert, nie in die Irre, durch alle Kurven und überraschenden Windungen hindurch geht er immer seinen Weg, der auf ein Ziel zugeht. Das Labyrinth in Chartres führt uns durch Irrungen und Wirrungen und durch Windungen und Kurven, nie auf den geraden Wegen, aber immer konsequent Richtung Mitte. Wenn man Geduld genug hat, dann wandert man eine Windung nach der anderen, so lange, bis man am Ziel, in der Mitte, ankommt.

Auch das ist für mich ein sehr schönes Symbol für das menschliche Leben. Allem Leben ist allein durch die Tatsache des Lebendigseins Sinn und tragende Mitte zugesagt. Im Unterschied zum

Labyrinth von Schönbrunn gibt es in Chartres keine Sackgasse, kein jähes Ende vor dem Ziel in der Mitte. Damit wird dem Besucher der Kathedrale, kaum dass er sie betritt, gezeigt, dass er sein Leben aus der Mitte heraus lebt, dass sein Leben ein Ziel hat, das er auf allen seinen Wegen nicht aus den Augen verlieren soll. Schöner, glaube ich, kann man Ermutigung nicht zum Ausdruck bringen: Jedem Menschen, jedem Geschöpf ist dadurch zugesagt, dass diese Welt ohne ihn um vieles ärmer wäre. Es lohnt sich, die Wege des Lebens zu gehen, sich von Sackgassen nicht irritieren und von unerwarteten Kurven und Krümmungen nicht entmutigen zu lassen. Beim Verlassen einer südsteirischen Buschenschank habe ich vor Jahren den wunderbaren Satz gelesen: „Geh nur deinen Weg! Frag nicht, was die andern sagen! Wenn Dir Gott das Urteil spricht, wird er nicht die Leute fragen!"

Laurentiuskirche

Sie ist eine der ältesten Kirchen des Landes, das Laurentiuskirchlein oberhalb von Brückl im Görtschitztal auf dem Westhang der Kärntner Saualpe. Schon 927 wird sie erstmals urkundlich erwähnt. Die beeindruckend schlichte karolingische Kirche weist an der Außenmauer der Apsis eine kuriose Besonderheit auf, eine Art gemauerter Schalltrichter, der ins Innere der Kirche führt, genauer in die Sakristei derselben, wo der Priester den Gläubigen über dieses „Beichtrohr" ihr Schuldbekenntnis abnahm und ihnen mit Zuspruch und Bußauftrag die Absolution erteilte: „Ich spreche dich los von deinen Sünden …"
Dabei blieb die Anonymität des Pönitenten absolut gewahrt. Blickkontakt war unmöglich, der Priester konnte „ganz Ohr" sein und sich auf seine Rolle des Hörens konzentrieren. Dieses Beicht-Ohr, dieses Architektur gewordene Ohr, ist ein treffendes Symbol für das, was unseren kleinen und größeren Gemeinschaften abhandengekommen zu sein scheint: Orte des Gespräches, Orte des Vertrauens, der Mitteilung, Orte der Vergebung. „Kirche ist

nur Kirche, wenn sie für andere da ist", hat Kardinal König einmal gesagt. In diesem Sinne bestünde ihre Funktion vor allem darin, ganz Ohr zu sein für die Menschen, für das, was sie bewegt, kränkt, belastet, für das auch, was Menschen einander nicht anzuvertrauen wagen. Beim Gang zur Kirche lassen sie es dort zurück und treten erleichtert ihren Heimweg an. So gesehen verstehe ich Kirche als Asylstätte für menschliches Leid, dessen Linderung damit beginnt, dass es in geschützten, dafür ausgesparten Räumen ausgesprochen und ins Wort gebracht wird. Seit über tausend Jahren steht die kleine Laurentiuskirche als Symbol dafür! Aber ihre Symbolik wird missverstanden, wenn sie in der Klage mündet, dass allein in Kärnten die über tausend Kirchen im Land fast immer zugesperrt sind. Nein, nicht die Klage über zugesperrte Kirchen braucht das Land, sondern die Sorge um Räume des Vertrauens, in denen Menschen, ganz egal welcher Hautfarbe, Kultur und Konfession sie angehören, motiviert, inspiriert und ermutigt werden, ihren unverwechselbar eigenen Weg zu gehen.

Lehrer, wie wir sie uns wohl alle gewünscht hätten

Am 11. August 2014 – in seinem 64. Lebensjahr – scheidet Robin Williams freiwillig aus dem Leben. Durch seine Paraderolle als Mister John Keating in Peter Weirs Film „Der Club der toten Dichter" (1989) hat er sich in den Herzen unzähliger Menschen einen Platz gesichert.

Robin Williams ist im Film jener Lehrer, den wir uns alle gewünscht hätten. Mit Humor und Menschlichkeit kämpft er für das Außergewöhnliche, für Poesie, für Liebe und Fantasie. Dadurch entwickeln seine Schüler Persönlichkeit und finden ihren unverwechselbar eigenen Weg.

Von ihrem Lehrer werden sie später sagen: „Er hat nicht nur an seinen Stoff gedacht! Er hat an uns geglaubt. Er hat uns Mut gemacht, an uns selbst zu glauben! Dadurch haben wir unser inneres Vermögen, unsere persönlichen Begabungen entdeckt. Er hat uns bewusst gemacht, dass jeder von uns außerordentlich, einzigartig und unverwechselbar ist!" Mehr noch: Sie werden von ihm sagen: „Er hat uns nicht nur Mut gemacht, er hat uns inspiriert und begeistert, er hat uns Beine gemacht und Flügel gegeben!" Das Ergebnis einer solchen Pädagogik sind selbstbewusste Menschen, die unerschrocken anpacken, was angepackt werden muss! Sie packen aber nicht nur an, sie reißen mit, laden ein und inspirieren, machen Mut und geben Hoffnung. Mit Václav Havel gesprochen besteht die Hoffnung solcher Menschen nicht in der Überzeugung, dass etwas gut ausgeht, sondern in der Gewissheit, dass das, was sie tun, sinnvoll ist, ganz egal, wie es ausgeht!

Leihgabe auf Lebenszeit

Eine meiner „Leihgaben auf Lebenszeit" hängt im Wohnzimmer einer befreundeten Familie irgendwo in Österreich. Das Ölbild, „Die Burg" (1982), zeigt eine hoch aufstrebende Ruine, mächtig auf einem Felsen, aber eben eine Ruine, keine Burg, auch keine ehemalige Burg, sondern ein Bauvorhaben, das niemals eine Burg werden konnte, niemals einem Menschen ein Dach über dem Kopf geschweige denn Wohnraum und Atmosphäre geboten hat. Das Gemälde stammt von einem meiner Schüler und bringt seine damalige innere Revolte und kritische Distanz den Erwachsenen gegenüber zum Ausdruck. Den Inhalt seines Bildes umschrieb der junge Künstler damals so: „Im Wahn, ihre Burg zu bauen, leben sie, im Wissen, sie nicht vollenden zu können, sterben sie!"
Zwanzig Jahre später schenkt mir Erwin Ringel einen Text mit vergleichbarem Inhalt, den ihm ein junger Student nach einem Vortrag in Deutschland in die Hand gedrückt hat mit der Bitte, das darin beschriebene Anliegen möglichst vielen Erwachsenen nahezubringen:
„Wir erschrecken vor dieser Freiheit, die ihr uns plötzlich gebt, mit der ihr uns allein lasst in der leeren Wohnung, während ihr selbst die Flucht ergreift in panischer Angst, in immer schnelleren Autos.

Unsere Frage nach Gott speist ihr mit einem Esslöffel Sahne ab;
eure Schwarzwäldertorten stinken. Wundert euch nicht, wenn wir
euren Händen entgleiten, davonbrausen auf unseren heulenden
Maschinen, weil wir daheim nicht heulen dürfen in der hellhöri-
gen Wohnung. Wundert euch nicht, wenn wir uns ekeln vor eurem
Gesicht, aber den Augen der Gurus blind vertrauen. Wir wissen
es ja: So oder so, in eurer Mitte gehen wir drauf, fallen wir um ei-
nes Tages, vor euren Augen sterben wir an der Sinnlosigkeit eures
Lebens."

Liesl und Hans

Liesl und Hans laden zum Abendessen an den Wörthersee. Ich bin
zum ersten Mal in ihrem Haus. An diesem Abend treffe ich dort
mir liebe und vertraute Menschen gemeinsam mit anderen, um
die ich zwar weiß, denen ich aber persönlich noch nie begegnet
bin. Wir genießen die wunderbare Lage des Anwesens, den Blick
auf Maria Wörth, die ausgesprochen unterhaltsame Atmosphäre
und nicht zuletzt den reichlich gedeckten Tisch. Mit den Damen
mir zur Rechten und zur Linken unterhalte ich mich blendend.
Wir scherzen, lachen, erzählen Episoden aus unserem Leben und
genießen einen entspannten Sommerabend. Von einem zum anderen Augenblick nimmt das Fest für mich eine eigenartige Wen-
dung. Beim Biss ins butterweich-köstliche Fleisch erstarre ich.
Das Provisorium meines oberen zweiten Schneidzahnes lockert
sich. Dem fröhlichen Lachen folgt demütiges Schmunzeln, den
lautstarken Diskussionsbeiträgen eher verhaltene Wortspenden.
Man hätte von meinem Malheur nichts bemerkt, beteuert mir am
nächsten Tag meine linke Tischnachbarin. Kaum höre ich das, bin
ich überzeugt davon, dass ich aus ihrem Mund nie erfahre werde,
ob sie mir wirklich die Wahrheit sagt oder mich nur beruhigen
will. In der Schlusszeile eines Gedichtes von Peter Turrini steht
der treffende Satz:

Es ist so schwer,
die Wahrheit zu sagen,
wenn man gelernt hat
mit der Freundlichkeit
zu überleben. [34]

Lob der Bescheidenheit

Gian Lorenzo Bernini (1598–1680) ist der bedeutendste Baumeister des Barock in der Stadt Rom. Neben der einzigartig-beeindruckenden Gestaltung der Piazza San Pietro und seiner unverkennbaren Handschrift im Inneren des Petersdoms beeindrucken mich bei meinen Rombesuchen auch die von ihm gestalteten Grabmäler: der monumentale, dreißig Meter hohe Baldachin über dem Petrusgrab und die Grabstätten für die Päpste Urban VIII., Alexander VI. und Paul III. Monumente der Macht und des Einflusses, Zeugen eines enormen künstlerischen und finanziellen Vermögens.

Bernini selbst allerdings verhält sich in der Gestaltung seines eigenen Grabes wie ein Bettelmönch. Seine Gebeine ruhen in der Basilika Santa Maria Maggiore in der Stadt Rom unter dem Fußboden im rechten vorderen Teil der Kirche unweit vom Hauptaltar. Dort übersieht der Besucher leicht eine im Marmorboden eingelassene einfache Aufschrift des Familiengrabes ohne die Vornamen und Lebensdaten der dort bestatteten Familienmitglieder: *Hic nobilis familia Bernini resurrectionem expectat.* (Hier erwartet die vornehme Familie Bernini die Auferstehung.)

M

Mahler

„Muss man denn hier erst gestorben sein, damit sie einen leben lassen?", fragt Gustav Mahler, als seine Zeit als Operndirektor in Wien zu Ende geht und die Schwierigkeiten und Enttäuschungen zunehmen. Er zieht nach New York. Dort dirigiert er am 21. Februar 1911 sein letztes Konzert. Er ist krank. Die Ärzte in Amerika, Paris und zuletzt in Wien können für ihn nichts mehr tun. „Anstatt eines geschlossenen Ganzen, wie ich es mir immer erträumt habe, hinterlasse auch ich nur Stückwerk!", notiert er resigniert in sein Tagebuch. Gustav Mahler stirbt am 18. Mai 1911 an einer Krankheit des Herzens. Auf dem Grinzinger Friedhof in Wien wird er beigesetzt.

Der grün umrankte Stein über seinem Grab symbolisiert Kraft und Majestät – wie seine Musik ... Mahler, der unendlich viel liest, bis ihm auf dem Totenbett buchstäblich das letzte Buch aus der Hand fällt, verbindet in seinen Werken die Literatur mit der Musik. Besonders die Volksdichtung und auch Märchen und Sagenstoffe sowie chinesische Lyrik verwendet er dafür, aber ebenso Texte von Goethe, Grillparzer, Rückert, Klopstock und Nietzsche. Im Alt-Solo in der 3. Symphonie zitiert er aus „Also sprach Zarathustra":

O Mensch! Gib acht!
Was spricht die tiefe Mitternacht?
„Ich schlief, ich schlief –,
aus tiefem Traum bin ich erwacht:
Die Welt ist tief,
und tiefer als der Tag gedacht (...)[35]

Um Gustav Mahlers Musik besser zu verstehen, muss man seine Lebensgeschichte kennen. Einmal auf einem langen Spaziergang, für Mahler viel zu spät, aber dann doch noch so, dass er sich die Seele erleichtern kann, erzählt Gustav Mahler Sigmund Freud, wie er als Kind aus dem Haus lief, weil er nicht mit ansehen konnte, wie sein Vater seine Mutter so schlug, dass sie daraus eine Gehbehinderung davonträgt. Als dieser junge Bub da auf die Straße läuft, trifft er auf eine Drehorgel, die „Oh, du lieber Augustin" spielt. Als Mahler dem Analytiker Sigmund Freud diese Geschichte erzählt, notiert dieser, in Erinnerung an diese Begegnung, in sein Tagebuch: „Von dem Moment an hatte sich in seiner Seele tiefe Tragik und oberflächliche Unterhaltung unlösbar verknüpft und die eine Stimmung zieht unweigerlich die andere mit sich."[36]

Ob Freuds Deutung richtig ist, ob sie damit dem Genie Mahler und seiner Musik gerecht wird, sei dahingestellt. Wer sich dieses tragische Ereignis in der Kindheit Mahlers aber vor Augen hält, versteht vielleicht besser das Thema der Sehnsucht nach Erlösung vom Leiden, das in all seinen Symphonien durchklingt. Leid und Erlösung, der abgrundtiefe erschütternde Klang seiner Kompositionen, kombiniert mit wunderbarer Leichtigkeit im Hintergrund und dann wieder im Vordergrund, ist ein für mich gut hörbarer und tröstlicher, wenn auch rätselhafter roter Faden, der sich durch die Musik Gustav Mahlers zieht. Wer diese Musik liebt, findet daran nicht nur Gefallen, er wird von ihr auch erschüttert. Erst durch Erschütterung kann Öffnung geschehen!

Mahlers künstlerisches Wirken in Wien hat dafür gesorgt, dass kein Stein auf dem anderen geblieben ist. Theater, Musik, Oper wurden durch ihn etwas Herzberührendes, Erschütterndes, waren nicht nur zur lockeren Unterhaltung gedacht. Selbst Kaiser Franz Joseph wunderte sich, dass Musik so etwas Ernstes sein kann. Mahler hat jeden mit strengem Blick zurechtgewiesen, wenn er eine Musikvorstellung durch Husten oder andere Arten der Unaufmerksamkeit gestört hat. Mahlers Musik war niemals als oberflächliches Nebenbeiprogramm gedacht.

Er wollte durch seine Musik berühren, erschüttern und infrage stellen, die Menschen aus ihrer alltäglichen Oberflächlichkeit heraus in die Tiefe und Wesentlichkeit ihres Lebens zurücklocken. Dieser Tiefe wusste sich Mahler verpflichtet. Denn: „Die Welt ist tief, und tiefer als der Tag gedacht!"

Mario

Mario ist freiwillig aus dem Leben gegangen. Ohne seinen Eltern und seinen beiden Kindern einen Abschiedsbrief zu hinterlassen, hat er mit noch nicht einmal vierzig Jahren sein Leben beendet. Am 6. August 2015 haben wir uns von ihm verabschiedet und seine Urne bestattet. Erwin Ringel hat immer wieder darauf hingewiesen, dass niemand aus dieser Welt weggeht, weil er nicht mehr leben will. Er geht, weil er unter seinen Umständen nicht mehr glaubt, leben zu können. Die Menschen in seinem Umfeld haben alles versucht, aber in den letzten Jahren immer öfter das ohnmächtige Gefühl gehabt, ihn nicht mehr erreichen, zu ihm nicht mehr vordringen zu können. Alles, was den Hinterbliebenen bleibt, findet seinen berührend-stimmigen Ausdruck im Text und in der Melodie in einem von Richard Wagners „Wesendonck-Liedern":

Engel

In der Kindheit frühen Tagen
hört ich oft von Engeln sagen,
die des Himmels hehre Wonne
tauschen mit der Erdensonne,

Dass, wo bang ein Herz in Sorgen
schmachtet vor der Welt verborgen,
dass, wo still es will verbluten,
und vergehn in Tränenfluten,

dass, brünstig sein Gebet
einzig um Erlösung fleht,
da der Engel niederschwebt,
und es sanft gen Himmel hebt.

Ja, es stieg auch mir ein Engel nieder,
und auf leuchtendem Gefieder
führt er, ferne jedem Schmerz,
meinen Geist nun himmelwärts!

Marios Familie bedankte sich für die tröstenden Worte, den Beistand und die Anteilnahme mit einem indianischen Gebet:

Am Ende meines Weges ist ein tiefes Tal.
Ich werde nicht weiterwissen.
Ich werde mich niedersetzen und verzweifelt sein.

Ein Vogel wird kommen und über das Tal fliegen
und ich werde wünschen, ein Vogel zu sein.
Eine Blume wird leuchten jenseits des Abgrundes
und ich werde wünschen, eine Blume zu sein.
Eine Wolke wird über den Himmel ziehen
und ich werde eine Wolke sein wollen.

Ich werde mich selbst vergessen,
dann wird mein Herz leicht werden
wie eine Feder,
zart wie eine Margerite,
durchsichtig wie der Himmel.

Und wenn ich aufblicke,
wird das Tal
nur noch ein kleiner Sprung sein
zwischen Zeit und Ewigkeit.

Milchmädchenrechnung oder himmlische Mathematik

Im Neuen Testament (Mt 20, 1–16) wird von einem Gutsbesitzer erzählt, der früh am Morgen sein Haus verlässt, um Arbeiter für seinen Weinberg anzuwerben. Er einigt sich mit den Arbeitern auf einen bestimmten Betrag als Tageslohn und schickt sie in seinen Weinberg. Drei Stunden später geht er wieder hinaus, findet weitere Arbeiter und schickt auch sie in seinen Weinberg. Das wiederholt er zur Mittagszeit und am Nachmittag und auch noch einmal kurz vor Sonnenuntergang. Die er zuletzt trifft, fragt er, warum sie denn den ganzen Tag herumstünden und keiner Arbeit nachgingen. Sie rechtfertigen sich damit, dass niemand Arbeit für sie hätte. Auch diese schickt er noch für eine Stunde in seinen Weinberg.

Am Ende des Tages erhalten alle Arbeiter ihren Lohn. Zuerst die, die von Sonnenaufgang bis Sonnenuntergang geschuftet haben, und dann nach und nach alle in der Reihenfolge ihrer Dienstzeiten. Als die tüchtigsten Arbeiter merken, dass alle, ganz egal, wie lang sie gearbeitet haben, gleich viel Geld erhalten, beginnen sie zu protestieren und ihr Recht auf höheren Lohn einzufordern. Doch der Herr des Weinbergs sagt einem von ihnen: „Du hast bekommen, was wir vereinbart haben. Ich will aber dem Letzten ebenso viel geben wie dir. Du brauchst das nicht zu verstehen, aber gestatte mir doch, dass ich mit dem, was mir gehört, tun darf, was ich will, auch wenn du neidisch bist, weil ich zu anderen gütig bin."

Da die Geschichte mit dem Satz beginnt „denn mit dem Himmelreich ist es wie mit einem Gutsbesitzer" (Mt 20,1), weiß der Leser auch, dass mit diesem Gleichnis der „Himmel" und die dort geltenden Maßstäbe veranschaulicht werden sollen. Mit „Himmel" ist hier wohl nichts anderes gemeint als die nutzlose und zwecklose, nicht auf den eigenen Vorteil bedachte und deshalb einzig sinnvolle Liebe. Den Ort solcher Liebe nennt die Bibel „Himmel", meint damit aber keinen „Ort", sondern eine Grundhaltung der Großzügigkeit, die Raum für alle schafft. Die hier praktizierte „himmlische Mathematik" hat mit menschlichen Milchmädchenrechnungen nichts am Hut, sie folgt nicht der Logik des Rechnens, sondern der „Psycho-logik des Herzens", deren einzige „Logik" und Voraussetzung „lediglich" darin besteht, wenigstens zu den „Bereitwilligen der letzten Stunde" zu gehören.

Muße

Ein kleiner Vogel liegt auf dem Rücken und streckt seine zarten Beine gegen den Himmel. „Was machst du da?", fragt ihn ein Kollege. „Ich trage mit meinen Beinen den Himmel; wenn ich sie einziehe, fällt der Himmel über mir zusammen!" Kaum hat er das gesagt, löst sich vom nahen Eichenbaum ein Blatt und raschelt zu Boden. Darüber erschrickt das kleine Großmaul so sehr, dass es auf und davon fliegt. Der Himmel aber steht heute noch an seinem Platz.

Es ist schwer bis unmöglich geworden, sich guten Gewissens der Muße hinzugeben, sich die Zeit zu gönnen, faul zu sein. Denn: „Müßiggang ist aller Laster Anfang!"

Im Lateinischen heißen die Muße, die Freizeit „otium". Das Gegenteil ist „neg-otium", die Arbeit. Der durch Verneinung entstandene Begriff ist in einer Sprache meist der geringere. Er ist durch Ableitung entstanden: die Arbeit (wörtlich: die Nicht-Muße). Die „eigentliche Zeit" der römischen Kultur war demnach der Müßiggang. Anders im Deutschen: Das Wort „Frei-zeit" entsteht durch Verneinung. Die arbeitsfreie Zeit genießt den geringeren Rang.

Vielen Menschen geht es heute so, dass sie auch am Wochenende und im Urlaub kaum zu wirklich innerer Ruhe kommen. Die Arbeitshektik läuft in der Freizeit weiter wie ein Motor, den man nicht abstellen kann. Wenn wir wieder zu uns kommen wollen, müssen wir als Erstes lernen, uns selbst im Nichtstun zu ertragen. Weil das so schwerfällt, lernen die meisten Menschen „nutzlose" Unterbrechung nur kennen, wenn ihr Körper sie dazu zwingt, weil er krank wird. Wenn uns eine Grippe niederwirft, starke Migräne es unmöglich macht, unseren Zeitplan einzuhalten, wissen wir meist sehr genau: Der Körper ist schlauer als wir selbst. Und nicht selten reagieren wir – trotz Schmerzen – erleichtert, dass wir auf diese Weise eine Pause „geschenkt" bekommen haben. Wenn wir uns regelmäßig ungeplante Zeit selbst schenken, brauchen wir keine Krankheiten mehr, um uns selbst in unseren inneren Bedürfnissen zu spüren. Ein kleines Gedicht der Bergbäuerin Theresia Oblasser trägt den Titel „Wenn die Muße Königin wäre":

Wenn die Muße Königin wäre
würde sie zuallererst die Angst verjagen
die Fenster öffnen und Luft hereinlassen.
sie würde der Liebe die Tür aufmachen
und der Ruhe Raum geben.
der Zeit würde die Muße
Intensität und Tiefe verleihen
die Hast verscheuchen
und jeglichem Zwang den Boden entziehen.
sie würde die Pflicht in ihre Schranken weisen
der Arbeit ein neues Gesicht geben
und der Freude höchstes Ansehen.
sie würde die Langeweile vertreiben
der Sinnlosigkeit einen Riegel vorschieben
Verkrampfungen lösen
Krankheiten zum Verschwinden bringen
allen Fröhlichkeit schenken
und sich mit dem Frieden vermählen.[37]

Mutter Teresa

Mutter Teresa habe ich während meiner römischen Studienjahre bei einigen Papstaudienzen erlebt. Legendär ist die eine Szene, in der Johannes Paul II. sie während einer Audienz bei der Hand nimmt und den 100 000 Menschen auf dem Petersplatz zuruft: „Seht sie euch an, sie ist jünger als wir alle."

Mutter Teresa war tatsächlich eine von ihrer Körpergröße her gesehen kleine, zerbrechliche, im Blick auf ihr Lebenswerk aber eine große Frau mit einem übergroßen Herzen für die Menschen. Rund um ihren hundertsten Geburtstag sind ihre geistlichen Aufzeichnungen in Buchform erschienen, die sie selbst immer geheim halten wollte, weil sich in diesen Aufzeichnungen ihr intimstes Verhältnis zu Gott widerspiegelt. Diese Aufzeichnungen sind aufs Erste sehr verblüffend und dann aber auch wieder, so paradox das klingen mag, sehr ermutigend. Da schreibt sie: „Wenn ich jemals eine Heilige werde – dann ganz gewiss eine ‚Heilige der Dunkelheit'. Ich werde fortwährend im Himmel fehlen – um für jene ein Licht zu entzünden, die auf Erden in Dunkelheit leben."[38] Wenn ich in meinem Leben von Mutter Teresa etwas verstanden habe, dann vor allem ihre bedingungslose Solidarität und Liebe zu den Menschen, ihre Solidarität mit deren Dunkelheit, mit deren eingeschränkten Lebensbedingungen bis hin zu deren Sterben in Würde, um das sie sich vor allem gekümmert hat. Unablässig. Dabei führt sie immer Tagebuch, und in diesem Tagebuch dokumentiert sie eine Sehnsucht nach Gott, eine Verbundenheit mit ihm und gleichzeitig eine unendliche Dunkelheit in ihr, weil dieser Gott, an den sie glaubt, sich auch von ihr nicht finden lässt. In dieser ihrer persönlichen Dunkelheit ist sie mir als spiritueller Mensch, als mystische Persönlichkeit ganz besonders nahe. Sie zeigt mir nämlich eine tiefe Solidarität mit den Menschen auch darin, dass auch sie in schwierigsten Zeiten Sehnsucht nach Gott hat, ihn aber nicht finden kann. Kein Beichtvater, kein geistlicher Begleiter konnte sie in dieser ihrer Dunkelheit und Not trösten. Ihr einziger Trost scheint der gewesen zu sein, aus Liebe zu Gott und den Menschen bei den Menschen zu bleiben und sich aus Solidarität mit den Menschen den Himmel nicht vorstellen zu können. Sie muss mit den Menschen sein und bei den Menschen! Dort lebt sie nach dem Grundsatz: „Lieber Fehler in Güte machen, als Wunder in Lieblosigkeit zu vollbringen."

N

Narrenfreiheit

Auf meinen Vornamen Arnold bin ich stolz. Arnold war der Zitherspieler und Hofnarr Karls des Großen. Bekannt und berühmt wurde er, weil er im Umfeld von Reichen und Mächtigen die Menschen nicht nur unterhielt, sondern auch mit kluger List selbst den König herausforderte. Eine der Legenden, die über ihn erzählt werden, berichtet, dass Karl der Große mit seinem Gefolge im Bürgewald, im Gebiet des heutigen Hambach, zur Jagd geht und Arnold die Gesellschaft begleiten darf. Er bemerkt dabei die große Armut der Dorfbewohner, die sich darüber beklagen, dass der Wald königliches Eigentum sei und sie deshalb unter Mangel an Brennholz litten, weil sie es nicht wagten, etwas vom Waldboden aufzuheben. Als Karl eines Tages bei einer Jagd in den Wäldern in der Nähe von Düren zwischen Aachen und Köln rastet, um Gastmahl zu halten, bittet Arnold darum, der Frankenherrscher möge ihm so viel von dem Wald schenken, wie er während der Dauer des Mahls umreiten würde. Der Wunsch wird ihm gewährt. Der listige Arnold aber hat sich zuvor in den umliegenden Dörfern frische Pferde bereitstellen lassen und vollbringt es im Staffelritt, den gesamten Wald zu umrunden, noch bevor das Mahl vorüber ist. Karl der Große hält sein Wort, schenkt seinem Hofnarren einen Ring zum Zeugnis, dass der Wald fortan ihm gehört. Dieser aber verschenkt den Bürgewald weiter an die umliegenden Dörfer, wo er in der Folgezeit aus Dankbarkeit wie ein Heiliger verehrt wird. Jahrhundertelang kann so das Waldstück von bis zu 49 angrenzenden Ortschaften genutzt werden.

Was wäre die Welt, wenn es in ihr nur Pflichten gäbe, keine Unterhaltung, keine Neugier, keine Begeisterung, kein Spiel, aber auch keine kluge List zum Wohle anderer. Wo wäre diese Welt, wenn es in ihr keine Narren gäbe? In Peter Turrinis Theaterstück „Aus Liebe" tritt „Der liebe Gott" als ein solcher Narr auf. Angesichts der Welt und ihrer Verrücktheit müsste er eigentlich verzweifeln. Die Art seiner Verzweiflung allerdings ist der Tanz. Er sieht, dass es so mit der Welt nicht weitergehen kann. Aber „Der liebe Gott" im Theaterstück greift nicht ein, sondern streckt seine Arme aus und fängt an zu tanzen. Das ist sein ganzer Kommentar. Für mich ist dieser heilige Narr, den Peter Turrini auf der Bühne erscheinen lässt, eine ermutigende Metapher für einen Menschen, der mit der Welt nicht klarkommt und mit dieser seiner Welt überhaupt nichts anzufangen weiß. Anstatt daran zu verzweifeln und/oder bis hin zur Erschöpfungsdepression mit Verbissenheit diese Welt ändern zu wollen, beginnt er zu tanzen. Warum? Ich weiß es nicht! Es bedarf aber auch keines Wissens, außer des einen: Tanzen ist eine neurobiologisch nachweisbar effiziente Therapie gegen jede Art der Verzweiflung!

Nasreddin Hodscha

Nasreddin Hodscha, der sprichwörtliche Held der türkischen Volksliteratur aus dem 14. Jahrhundert, geht am Ufer eines Flusses spazieren und sieht am anderen Ufer einen etwas verwirrt suchenden Mann. Er ruft hinüber: „Was suchst du denn? Kann ich dir helfen?" Der andere antwortet: „Wie komme ich hinüber ans andere Ufer?" Nasreddin antwortet ihm: „Bleib, wo du bist! Du bist schon am anderen Ufer!"

Diese Geschichte beantwortet mir, worin meine tägliche Arbeit, aber im Grunde auch jede andere hilfreiche Art menschlicher Solidarität besteht. Da stehen oder sitzen zwei Menschen einander gegenüber. Je länger sie sich kennen, umso mehr wissen sie voneinander. Aber beiden ist klar, dass sie, obwohl durch den Fluss des Lebens verbunden, getrennt voneinander ihren Weg gehen müssen. Dieser Weg eines jeden verläuft entlang des eigenen Ufers. Was die beiden ermutigt? Sie sind froh, dass der jeweils andere da ist, drüben zwar, aber da. Gelegentlich helfen sie einander durch Zuruf hinüber ans andere Ufer. Gemeinsam gehen sie eine Strecke des Weges, getrennt voneinander und doch auch wieder miteinander. Mehr brauchen sie nicht? Weniger nicht!

Neunundzwanzigster August Zweitausendfünfzehn

Begegnungen beschäftigen mich oft bis in den Schlaf hinein. Diese eine in ganz besonderer Weise! Überraschend stehen wir uns wieder einmal gegenüber. In Helgas Gesicht lese ich Freude, keine Ahnung, ob sie in meinem den nagenden Zweifel bemerkt. Lange schon will ich ihr gegenüber auf das höfliche „Sie" verzichten. Aber ob wir das kleine Ritual schon hinter uns haben? Diese Frage einfach zu stellen kommt mir in diesem Moment nicht in den Sinn. Stattdessen versuche ich, ihrem Mann zu erklären, wie genau ich mich daran erinnere, wo wir einander zuletzt begegnet sind. Auch das lässt Zweifel aufkommen, aber immerhin ist dadurch die erste Frage vom Tisch. In meiner Not flüchte ich in eine Vermittlerrolle und stelle Helga meinen Freund Ed vor. Sie lächelt. Seit Jahren kennen die beiden einander und arbeiten eng zusammen.

Hätte ich auf meine innere Stimme gehört und die erste mir kommende Frage auch ausgesprochen, unsere Begegnung wäre mit Sicherheit anders verlaufen. Wie passend dazu der letzte Satz in Schillers Gedicht „Resignation": „... was man von der Minute ausgeschlagen, gibt keine Ewigkeit zurück."

Not macht erfinderisch

Nordöstlich des Tauernstädtchens Gmünd in Kärnten, an der ehemaligen Römerstraße, die über den Katschberg und die Tauern nach Salzburg führt, befindet sich die Geteilte Kirche am Kreuzbichl. Auf der unteren Seite der heute noch befahrenen Straße steht der Altarraum, eine spätbarocke, im Kern gotische Anlage mit Kreuzrippengewölbe, Walmdach und Glockenturm zur Straße hin geöffnet und mit einem schmiedeeisernen Gitter abgesichert. Auf der oberen Seite der Straße steht der halben Kapelle gegenüber ein Bau mit Betstühlen sowie einer Empore mit Sitzplätzen, eine zweigeschossige Galerie für die Gottesdienstbesucher. Diese Kuriosität ist weltweit einzigartig. Die Kirche geht wohl auf ein Marterl namens „Kreuz am Bichl" aus dem 15. Jahrhundert zurück, aus dem 1588 eine Kapelle wurde, die von den Einwohnern bald „Kreuzbichlkapelle" genannt wurde. Wahrscheinlich wurde durch die Beliebtheit der Kapelle bei Reisenden und Einheimischen der Zubau für die Gläubigen notwendig. Weil aber dafür auf dem zum Lieserfluss hin abfallenden Felsen kein Platz mehr vorhanden war, legte man den Zubau des „Kirchenschiffes" an die obere Straßenseite.

Ein anderer Grund für die Erweiterung der Kirche könnte darin liegen, dass zum Tode verurteilte Delinquenten auf dem Weg zur Gmündner Richtstätte, dem etwa einen Kilometer weiter östlich befindlichen „Galgenbichl", an der Kapelle innehielten, um ihre Gebete zu verrichten. Eva Kary, geborene Faschaunerin, ist diesen Weg 1773 als das letzte Opfer eines Folterprozesses in Österreich gegangen. Auch wird vermutet, dass hier Kaufleute ihre Gebete verrichteten als Dank für die erfolgreiche Überquerung der Tauern und das Ausbleiben von Überfällen durch Wegelagerer und Raubritter.

Bis zum heutigen Tag ist die Geteilte Kirche am Kreuzbichl in Gmünd Ziel vieler Touristen. Fernsehanstalten aus der ganzen Welt kommen immer wieder hierher, um ihre kuriosen, für Quizfragen bestens geeigneten Aufnahmen mit nach Hause zu nehmen. Mir hingegen ist diese geteilte Kirche aus meiner Oberkärntner Heimat aus einem ganz anderen Grund wichtig. Schon in meiner Studentenzeit habe ich in ihr ein architektonisches Symbol dafür gesehen, dass Not erfinderisch macht, dass es unter Menschen kraft ihrer Fantasie kaum Probleme gibt, die nicht gelöst werden können.

O

Offene Grenze

In Bildein, an der österreich-ungarischen Grenze im Südburgenland, gibt es seit ein paar Jahren entlang der alten Grenze einen
Grenz-Erfahrungs-Weg. Ein Weg, der uns zeigt, wie früher das
eine Land vom anderen, Menschen von herüben und von drüben,
sich durch Trennung abgegrenzt haben. Wer heute entlang dieses
Weges geht, spürt nichts mehr von der Grenze als Trennlinie. Die
Grenze ist offen. Aus dem Eisernen Vorhang ist ein Ort der Begegnung geworden. Aus der Angst vor dem Fremden ist die Neugier
aufeinander geworden. Aus Menschen, die sich gegenseitig miss-
traut haben, sind Menschen geworden, die zueinander kommen,
miteinander gemeinsame Wege gehen.

Dabei muss ich an die biblische Erzählung der Emmausjünger
denken. Zwei Männer gehen nach Jesu Tod resigniert von Jerusalem nach Emmaus. Das Unternehmen „Jesus" scheint vorbei
zu sein, die Weggemeinschaft mit ihm zu Ende. Und in dieser
Abendstunde, auf diesem resignierten Weg zurück ins heimatli-
che Emmaus, gesellt sich zu den beiden ein Fremder. Sie laden
ihn ein, gemeinsam mit ihnen weiterzugehen. Dabei kommen sie
ins Gespräch und merken gar nicht, wie schnell die Zeit vergeht.
Plötzlich stehen die beiden am Ziel ihrer Wanderung, der Fremde aber will weitergehen hinein in die Dunkelheit der Nacht. Er
fasziniert sie und die beiden bringen es nicht übers Herz, ihn allein zu lassen. „Bleib doch bei uns, denn es ist Abend, der Tag hat
sich geneigt", sagen sie zu ihm und laden ihn ein, die Nacht in
ihrem Haus zu verbringen, gemeinsam zu essen und zu trinken.
Aus der Resignation zweier Freunde wird eine Begegnung mit einem Fremden. Aus der Weggemeinschaft wächst eine Erzählgemeinschaft, aus der Erzählgemeinschaft eine Mahlgemeinschaft,

aus dem Miteinander unterwegs durch die Fremde wächst ein gemeinsames Dach über den Köpfen der daran beteiligten Menschen.

Das ist das Programm, an das ich denken muss, wenn ich an dieser ehemaligen Grenze zwischen Österreich und Ungarn im Südburgenland stehe. Das ist das Programm der Menschen in einem vereinten Europa – vor allem jetzt, wo dieses Europa überzugehen droht von Menschen, die aus der Fremde kommen. Aus den Krisenherden dieser Welt flüchten sie zu uns. Sie kommen hierher, in der Hoffnung, bei uns finden zu können, was sie für das nackte Überleben brauchen. Ich allerdings bin überzeugt davon, dass wir ihnen genauso viel verdanken, wie sie von uns erhoffen. Sie erbitten von uns das Mindeste, aber sie geben uns das Nachhaltigste, das wir im Leben erlangen können: nämlich die Erkenntnis, wie arm wir wären, würden wir unser Leben nicht als Geschenk begreifen.

Wir geben ihnen die Hoffnung auf ein besseres Leben, sie geben uns die Gelegenheit, das, was wir haben, mit anderen zu teilen! Freilich: Das Allermeiste dieses Programms liegt noch vor den allermeisten von uns. Eine Utopie? Möglich! Aber eben eine Möglichkeit. Und wir haben heute mehr Möglichkeiten als je zuvor, Grenzen zu überschreiten, trennende Mauern niederzureißen und Wege zueinander zu finden. Die Angst vor dem Fremden macht blind. Die Begegnung mit ihm macht neugierig. Je mehr ich mit ihm unterwegs bin, je länger unser gemeinsamer Weg ist, umso mehr kann ich begreifen, dass er so ganz verschieden von mir nicht ist. Jeder Mensch ist Ausländer, fast überall, aber überall, wo ein Mensch auf einen Menschen trifft, lernen beide voneinander, beide sind sie nach dieser Erfahrung weit reicher als zuvor. Darum sagen auch die Jünger von Emmaus am Ende dieses gemeinsamen Erlebnisses: „Brannte nicht unser Herz, als er unterwegs mit uns redete?"

Genau das sollten Menschen einander wünschen: dass aus Begegnungen mit anderen Menschen nicht Argwohn wächst, sondern Herzen zu brennen beginnen. Wo das gelingt, hat alles

Rechnen ein jähes Ende. Wer gibt, was er hat, macht viele satt. Wer rechnet, bevor er gibt, bekommt nie genug. Seine Rechnung mag stimmen, verliert sich aber in toten Zahlen, die das Herz nicht erreichen. Die Grammatik des Herzens ist der Überfluss, nicht die Milchmädchenrechnung. Ein Mensch mit Herz gibt, bis es wehtut! Wer den Mut hat, auf andere, die ihm fremd sind, zuzugehen, wird staunen, wie leicht und beglückend es sein kann, anderen nicht nur ein Dach überm Kopf anzubieten, sondern auch seinem Herzen einen Ruheplatz zu geben. Ohne solche Menschen wäre unsere Welt nicht nur um vieles ärmer, sie wäre vom Stacheldraht der Herzlosigkeit in Geiselhaft genommen. Im Sommer 2015 hat ein renommierter österreichischer Journalist rund um die Debatte zur Frage der Abschiebung von Flüchtlingen gemeint, dass Österreich zu zögerlich abschiebe und dass Hirnlosigkeit fast immer schlimmer sei als Herzlosigkeit. Gerne schließe ich mich seiner Meinung an, allerdings nur, wenn er mir bestätigt, dass Herzlosigkeit ein Ausdruck eklatanter Hirnlosigkeit ist.

Onkel Kajetan

Onkel Kajetan, der Streitbare, der immer und überall das letzte Wort und dabei immer recht haben musste, war ein schwieriger Mensch, berechnend und unangenehm. Menschen, allen voran Verwandte, waren für ihn erst dann interessant, wenn sie für irgendetwas zu gebrauchen waren. Kant hatte er nicht gelesen und mit dem praktischen Imperativ hat er sich nie vertraut gemacht. Dann hätte er wenigstens gewusst, dass der Mensch stets ein „Zweck an sich" ist und niemals als „Mittel zum Zwecke anderer" missbraucht werden darf. So bin auch ich für ihn erst zu dem Zeitpunkt interessant geworden, als er erfährt, dass ein Schulkollege von mir Anwalt in Wien ist. An den will er sich unbedingt wenden, um die Streitereien mit seinen Nachbarn siegreich zu beenden. Zu Lebzeiten habe ich oft versucht, ihm aus dem Weg zu gehen, habe mir gewünscht, mit ihm nichts zu tun zu haben, mit ihm nicht verwandt zu sein. Dann liegt er im Sterben und wünscht sich, von mir beerdigt zu werden. Mit einem Schlag ist unser Verhältnis ein anderes. Ich bemühe mich, ihm ein würdiges Begräbnis zu bereiten und als Vorbereitung dazu, etwas von dem Menschen hinter seiner streitbaren Fassade zu entdecken und ins Wort zu bringen. So wird er mir, während er auf der Bahre liegt, zum Freund. Wenn ich heute in Radenthein an seinem Grab stehe, rede ich mit ihm. Im Unterschied zu früher gehe ich getröstet und im Frieden von ihm weg. Das hat wohl auch damit zu tun, dass es in unseren Gesprächen jetzt nicht mehr darum geht, wer von uns beiden recht und das letzte Wort haben muss.

P

Pranger

Am Oberen Stadttor des mittelalterlichen Städtchens Gmünd in Kärnten steht seit dem Jahre 1586 ein Pranger, eine Schandsäule für auf frischer Tat ertappte Delinquenten. Dort wurden sie als abschreckendes Beispiel angebunden und bloßgestellt. Mich hat dieser Pranger schon in meiner Kindheit fasziniert, aber nach und nach immer mehr irritiert. Ich konnte und wollte nicht verstehen, dass ein Mensch durch eine einzige Tat sein ganzes Leben verwirken kann. Meine Mutter versuchte mir zu erklären, dass auch ein einziges Unwetter die Ernte eines ganzen Jahres zerstören kann. Das leuchtete mir ein, aber trotzdem hat mich ihre Antwort nicht zur Ruhe kommen lassen. Heute denke ich, vielleicht hat sich da in mir als Zehnjährigen bereits der spätere Seelsorger und Therapeut zu Wort gemeldet, der in den armen Teufeln am Pranger nicht nur das anschauen, was sie getan haben, sondern auch den hinter ihren Taten verborgenen Menschen kennenlernen wollte. Wenn ich heute durch das Obere Stadttor in Gmünd gehe und vor dem Pranger stehe, denke ich an die mittlerweile perfektionierten Methoden öffentlicher Bloßstellung. Heute genügt oft eine einzige Zeile im Internet. Damit ist ein Mensch nicht nur in seiner unmittelbaren Umgebung, sondern weltweit an den Pranger gestellt. Ihn von dort wieder loszubinden, erscheint beinahe unmöglich. Die nachhaltigsten Wunden, die sich Menschen gegenseitig schlagen, sind gezielte Falschmeldungen. Eine Art stiller Kriegsführung, deren blutige Wunden nur schwer vernarben.

Ungefähr hundert Jahre bevor im kleinen Tauernstädtchen Gmünd ein Pranger errichtet wurde, soll eine Frau zu Philipp Neri (1515–1595), dem großen Apostel Roms des 16. Jahrhunderts, gekommen sein. Sie gesteht ihm, aus Eifersucht über andere Frauen gezielt die Unwahrheit verbreitet zu haben. Die ihr von ihm aufgetragene Buße besteht darin, auf den nahen Kirchturm zu steigen, dort einen Sack voller Hühnerfedern auszustreuen und dann herunterzusteigen und die Federn wieder einzusammeln. Auf ihren erschrockenen Hinweis, dass das unmöglich sei, bekommt sie zur Antwort: „Und genauso ist es dir nicht möglich, was du über andere Menschen verbreitet hast, wieder zurückzunehmen!"

Problem

Im alten Griechenland ist ein wunderbares Wort entstanden, das wir in unsere Sprache übernommen haben. Wenn die Bauern ihr Obst und Gemüse auf Karren in die Stadt auf den Markt bringen, müssen sie immer dann stehen bleiben, wenn während des Transports vom übervollen Wagen Ladegut herunterfällt. Dieses „Heruntergefallene" nennen die alten Griechen „ta problemata". Diese „Probleme" erfordern das Anhalten und Wiederaufladen des Heruntergefallenen, wenn der Besitzer mit seinem Karren mit möglichst großer Ladung am Marktplatz erscheinen will.

In meiner täglichen Arbeit begegnen mir drei Gruppen von Menschen, denen in ihrem privaten und beruflichen Umfeld Probleme begegnen: Die einen reagieren so, als sei nichts gewesen, und machen weiter wie bisher. Sie gleichen denen, die meinen, eine Kobra dadurch aus dem Wohnzimmer entfernen zu können, dass sie sie unter den Teppich kehren. Die anderen hoffen, dass alles so schnell vorbeigeht, wie es gekommen ist, schauen oder hören gar nicht genau hin, wissen aber sofort, was zu tun ist, und handeln drauflos, ohne die Nützlichkeit und Sinnhaftigkeit ihres Tuns gründlich zu überprüfen. Die Dritten wissen, dass Schwierigkeiten Vorrang haben und eine genaue Analyse brauchen. Erst so sind sie in der Lage zu entscheiden, wo das Problem liegt und was sie dagegen unternehmen können.

Am häufigsten erlebe ich in meiner Praxis Vertreter der zweiten Gruppe. Die Arbeit mit ihnen bedarf großer Geduld und liebevoller Achtsamkeit. Zunächst müssen diese Menschen dazu eingeladen werden, genau hinzuschauen und sehen zu wollen, wo die Probleme liegen. Und dann müssen sie sich selbst davon überzeugen, dass es bei der Behandlung ihrer seelischen Probleme nicht einfach dadurch schneller geht, dass sie die Sitzungsfrequenz erhöhen. Der Therapeut ist kein Zahnarzt und eine seelische Tiefenbohrung ist etwas anderes als eine in drei bis vier Sitzungen erledigte Wurzelbehandlung.

Eines der nachhaltigsten Probleme unserer Gesellschaft beschreibt ein Märchen mit dem hintergründigen Titel „Ein kleines Problem". Wer es liest, dem ist zu wünschen, dass auch er/sie jemanden finden kann, der ihn/sie versteht, dadurch achtsamer wird und lernt, genauer hinzuhören und besser hinzuschauen.

„Ich habe ein kleines Problem", sagt der Bär zum Erfinder, den er auf seiner Wanderung trifft. Der Erfinder ist sofort bei der Hand und sagt: „Ich habe etwas für dich. Du bist schwer, du brauchst Flügel. Auch wenn sie dir nicht sehr helfen, aber im Weitergehen wirst du leichteren Fußes deinen Weg finden." Ohne sein Einverständnis abzuwarten, schnallt der Erfinder dem Bären seine Flügel um. Der Bär trottet weiter und beim Nächsten, den er trifft, sagt er: „Ich habe ein kleines Problem." Der Nächste lässt sich nicht lang fragen und sagt: „Ich verstehe etwas von Schals – hier ein modischer Schal zu deinen Flügeln. Das wird dich hübsch erscheinen lassen." Er legt dem Bären ungefragt den Schal um. „Hm", brummt der Bär und trottet weiter, trifft einen Arzt und sagt ihm: „Ich habe ein kleines Problem." Der Arzt weiß sofort, was zu tun ist, und sagt: „Nimm die Pillen hier – du wirst sehen, du fühlst dich besser." Und so geht es weiter. Er trifft eine Hutmacherin, die verkauft ihm einen Hut, eine Stiefelkönigin, die legt ihm Bärenstiefel an, und zu guter Letzt sitzt der Bär vor der Stadt, angetan mit einem Hut, mit roten Brillen, mit einem Schal, mit Flügeln, mit Bärenstiefeln, mit echten Raritäten und ist einsam und allein und seufzt vor sich hin, weil er traurig ist, weil er die Frage, die er an die Menschen hätte, nie loswerden kann.

Und in diese Stille hinein hört er eine leise Stimme, die ihn fragt: „Was ist los mit dir?" Eine Fliege meldet sich von einem Grashalm. Er wendet sich ihr zu und sagt: „Ich habe ein kleines Problem. Ich fürchte mich vor der Dunkelheit. Ich fürchte mich, alleine in meiner Bärenhöhle zu sein. Und weit und breit gibt es keine Bären, die mit mir diese Einsamkeit teilen könnten. Und auch sonst ist niemand da, der mich versteht. Wenn ich mein Problem zu nennen beginne, wissen die Leute schon, was für mich gut ist. Und ich habe keine Chance darüber zu reden, Verständnis zu finden, weil die Menschen nicht zuhören können oder zu schnell verstehen und gleich alles besser, für mich am besten, wissen." – „Das trifft sich gut", antwortet die Fliege. „Ich bin gerade auf der Suche nach einer neuen Bleibe und eine Bärenhöhle, das klingt ja geradezu romantisch." Sie setzt sich auf die Schulter des Bären und die beiden trotten davon. Und dem Bären ist eigenartig leicht ums Herz, so als hätte er wirklich Flügel bekommen ...[39]

Politiker

Politikern glaube ich wenig, es sei denn, es lässt einer von ihnen durch seine Wortwahl so aufhorchen, wie das dem österreichischen Bundespräsidenten bei der Eröffnung der Salzburger Festspiele 2015 gelungen ist. Er redete nicht von der Kunst und ihrer Bedeutung, er redete von der gesamteuropäischen Asyl- und Flüchtlingsproblematik, der die Politik in Europa hilflos gegenüberzustehen scheint. Nicht nur die Politik, sie allerdings zuallererst, müsste sich den Herausforderungen so stellen, dass die Verantwortlichen den Betroffenen in die Augen und sich selbst in den Spiegel schauen könnten. Selten in den letzten Jahren hat mich das Wort eines Politikers so sehr ins Herz getroffen.

Quellensucher

Das Christentum kennt seit jeher Orte der Kraft, die aufzusuchen eine besondere Faszination bedeutet. Ob es nun Jerusalem, Rom oder Santiago de Compostela ist, immer geht es bei Wallfahrten um einen Aufbruch, um „die Reise nach innen", um Läuterung und Klärung auf der Suche nach dem, wovon man leben kann. In Santiago de Compostela in Galizien, so heißt es, findet im frühen 9. Jahrhundert ein Hirte, geführt durch den hellen Schein eines Sterns, das Grab des Apostels Jakobus. Seit dem Mittelalter wird es zum Ziel von Millionen Pilgern. Dieser frühe „Spiri-tourismus" in Spanien bringt eine beeindruckende Kulturlandschaft hervor. Der Weg nach Santiago ist in 30-Kilometer-Abständen mit Kirchen, Klöstern und Hospizen gerüstet, um auch heute noch Pilgern am Ende ihrer Tagesetappen körperliches und geistliches Kraftschöpfen anzubieten.

Im Jahr 1989 bin ich Teilnehmer an der größten Wallfahrt in der Geschichte dieses Wallfahrtsortes. Johannes Paul II. hatte Jugendliche aus der ganzen Welt eingeladen und eine halbe Million junger Menschen war gekommen: aus allen Ländern Europas, „vom Atlantik bis zum Ural", wie der polnische Papst es ausdrückte, aus Nord- und Lateinamerika, aus dem Mittleren Osten, aus Afrika, aus Asien und Ozeanien.

Ergreifend der einfache Ritus, den jeder Santiago-Pilger vollzieht: Am Eingang der Basilika, an der großartigen „Porta de la Gloria", legt der Pilger seine Hand an die Säule des Heiligen und verneigt sich, bevor er die Kathedrale betritt. Am Jakobusgrab folgen dann Glaubensbekenntnis und persönliches Gebet; seinen Abschluss findet der Pilgerritus mit dem Kuss auf die Schulter der Jakobusstatue auf dem Hochaltar. Am Ende des Gottesdienstes schwingt der „botafumeiro" das größte Weihrauchfass der Welt durch das mächtige Kirchenschiff und hüllt die ganze Gemeinde in eine duftende Rauchwolke ...

Was sucht ein Mensch, wenn er auf Wallfahrt geht? Immer werden es ganz persönliche Gründe sein, die Menschen aufbrechen lassen. Aber immer gerät er durch seinen Pilgerweg in verwandelnde Erlebnisse, die er mit anderen teilt: Er lernt wieder neu hören und sehen und riechen und schmecken, die Sinne bekommen ihre Kraft zurück, er spürt mit dem Herzen und achtet auf Dinge, die er im Trubel des Alltags vergessen oder gar verloren hat. Aber, so fragen viele, muss man denn auf Reisen gehen, um den Sinn des Lebens wieder besser in den Blick zu bekommen?

Von zwei russischen Mönchen wird erzählt, sie hätten ein Leben lang die „Porta de la Gloria", die Pforte zum Himmel, gesucht und dabei die ganze Welt durchstreift und viele Gefahren bestanden. Am Ende eines mühevollen und beschwerlichen Wanderlebens wären sie endlich an der geheimnisvollen Pforte gestanden: Gespannt hätten sie sie aufgestoßen, wären eingetreten, um zu merken, dass sie sich in der Klosterzelle befinden, aus der sie vor Jahren gemeinsam ausgezogen waren.

Schon vor 500 Jahren spottet Paracelsus über seine Zeitgenossen, die abwechselnd nach Antwerpen, Venedig, Frankfurt und Brüssel „rennen", weil sie jeweils davon überzeugt wären, dort liege das Heil der Welt. Es ist nach Paracelsus nicht nötig, von Schwaben nach „Allakutn" (das heutige Kalkutta) zu wandern, es ist nicht nötig, den Wein von Candia zu trinken; er sagt, wir brauchen keine Sehnsucht nach den fremden und fernen Gegenden zu haben, wie es im 16. Jahrhundert Mode geworden ist. Das Märchen von Kalkutta und der Wein von Candia schenken uns nicht mehr Freuden, als wir sie in unserem vertrauten Umkreis zu entdecken vermögen. Wenn das Herz im Menschen erwacht, regiert in ihm die Liebe. Er erkennt dann, dass Gott auch seine Wohnung, seinen Lebensraum voller Freude erschuf.

Es braucht also nicht unbedingt die große Reise zu sein, die uns fündig werden lässt. Für den, der immer unterwegs ist, ist sein

Zuhause vielleicht der privilegierte Ort existenzieller Erfahrung und der Maßstab seiner Sehnsucht nach Sinn und inneren Frieden. Wer aber nie vom Fleck kommt und im Einerlei zu ersticken droht, dem tun sich, wenn er sich auf Reisen begibt, neue Sichtweisen auf und der Zurückkommende kehrt ein Stück weit gewandelt, geläutert „als ein anderer" zurück.

Ein Werk des Künstlers Werner Hofmeister („Der Quellensucher", 1998) zeigt Spazierstöcke mit der Aufschrift: „Wo ist die Welt zu Ende?" Wir suchen als Menschen beständig den Ort, an dem die Welt das Geheimnis ihrer Drehbarkeit hat, „wo sie noch keusch ist, wo sie noch nicht geliebt und geschändet worden ist, wo die Heiligen sich noch nicht für sie verwandt und die Verbrecher keinen Blutfleck gelassen haben",[40] wie das Ingeborg Bachmann formuliert hat.

Die Pilgerstäbe des Mittelalters sind „Fragezeichen" in diesem Sinn. In Santiago de Compostela stellt sich diese Frage auch in beeindruckender Form geografisch. Die Pilger kommen auf verschiedenen Wegen an den westlichsten Punkt des europäischen Festlandes. Die Frage, wo die Welt zu Ende ist, ergibt sich dort konkret, wo der Kontinent am Atlantik seine Grenze findet; dort ist ein privilegierter Ort der Sinnsuche, um weiter zu schauen, als Augen blicken können, und tiefer zu fragen, als Abgründe reichen ...

R

Rechnitz

Seit dem 25. März 2012 gibt es in Rechnitz im Südburgenland das Open-Air-Museum Kreuzstadl. Es ist gesetzt als Gedenkstätte für alle Opfer des Südostwall-Baues. Vor siebzig Jahren, in der Nacht vom 24. auf den 25. März 1945, damals war es der Palmsonntag, einen Monat und zehn Tage vor dem Ende des Zweiten Weltkrieges, hat hier bei einer Einladung ins Schloss ein großes Saufgelage stattgefunden. Und in dem Übermut, der nur aus Gedankenlosigkeit und abgrundtiefem Hass den Fremden gegenüber zu erklären ist, hat es infolge dieses Gelages eine Hinrichtung von 180 bis 200 Juden gegeben, die an einem unbekannten Platz sich ihr Grab graben mussten und dann erschossen und verscharrt wurden. Die Hinrichtungsstelle und die Grabstätte der Hingerichteten sind bis zum heutigen Tag unbekannt geblieben. Anscheinend weiß niemand, wo auf diesem weiten, übersehbaren und doch so unübersehbaren Feld das alles sich zugetragen hat.

2012, wenige Tage nach der Eröffnung dieses Open-Air-Museums Kreuzstadl, habe ich zum ersten Mal in meinem Leben Rechnitz besucht. Beim Blick über die Wiesen im Gedenken an 200 Menschen, die hier irgendwo auf diesem weiten Feld vergraben liegen und die als Einzelne von ihren Angehörigen nie betrauert werden konnten, läuft mir ein kalter Schauer über den Rücken. Was bleibt, sind Fragen, auf die von den Bewohnern des Ortes keine Antworten zu bekommen sind: Wie ist es möglich, dass über siebzig Jahre niemand in der Bevölkerung wusste, was damals passiert war? Oder deutlicher noch: Wie kann es sein, dass das, was Menschen hier wohl wissen werden, siebzig Jahre lang verschwiegen werden konnte?

Die menschliche Seele ist unergründlich. Und ich denke mir, dass Menschen, die an der Grenze leben, über Jahre und Jahrzehnte

Erfahrung haben im Umgang mit der Angst. Und dass sie sich vielleicht deswegen verschlossen halten und ihr Herz nicht öffnen können und nicht mitzuteilen bereit und in der Lage sind, was sie wissen. Und ich denke daran, dass das Vergessen, dass das Verdrängen nie lebendig machen und nie befreien kann. Erinnern und Anschauen und das Angeschaute aussprechen, das befreit die geknebelte Seele. Angst hingegen lähmt. Seit es in Rechnitz das Open-Air-Museum Kreuzstadl gibt, habe ich die Hoffnung, dass dieses Museum nicht nur Menschen, die hierherkommen, nachdenklich macht, sondern auch ganz tief hinein in die Herzen der Menschen dieser Landschaft und dieses Landes wirkt, um sie zu ermutigen, das, was sie wissen, auch auszusprechen. Damit wir davon lernen und daran erkennen, dass die Wahrheit frei macht. „Die Wahrheit nämlich ist dem Menschen zumutbar!"[41]

Roermond

Auf dem alten Friedhof von Roermond in Holland befindet sich eine bemerkenswerte Grabstätte. Dort fand im Jahre 1888 ein gemischtkonfessionelles Ehepaar seine letzte Ruhestätte. Der Mann war katholischen Glaubens, seine Frau Jüdin. Weil es aus religiösen Gründen undenkbar war, dass die beiden Eheleute im selben Grab beigesetzt werden, bestatteten die Kinder der beiden ihre Eltern direkt an der Friedhofsmauer, den Vater innerhalb, die Mutter direkt dahinter, außerhalb des Friedhofs. Die beiden Grabsteine gestalteten sie so hoch, dass sie die Friedhofsmauer überragen und sie mit zwei ineinander gelegten Händen verbinden. Heute noch halten die beiden Hände aus Marmor über der Mauer zusammen, was vor über hundert Jahren aus religiösen Gründen getrennt werden sollte.

Zugegeben: Mit Idealen tun wir uns leichter als mit Krisen. Vorschriften sind besser zu verwalten als die täglichen Spielarten des Lebendigen. Mit Gesetzen und Verordnungen konnte aber noch niemand in der Tiefe seines Herzens berührt und getröstet werden. In Roermond belegt ein Grabstein, dass Konventionen, gesellschaftliche Normen und religiöse Vorschriften niemals das letzte Wort beanspruchen dürfen. Der Volksmund sagt: „Liebe macht blind!" Der Grabstein in Roermond sagt: „Liebe macht erfinderisch", sie ist stärker als der Tod. Liebe hört niemals auf.

Romero

Am 24. März 1980 wurde Óscar Arnulfo Romero, damals Erzbischof von San Salvador, ermordet. Gewöhnlich gut informierte Kreise munkelten schon bei seiner Ernennung zum Erzbischof im Jahre 1977, die Wahl wäre deshalb auf ihn gefallen, weil er als friedlicher und schwacher Kandidat dem Terrorregime wohl nicht die Stirn bieten und so dem Vatikan keine diplomatischen Schwierigkeiten machen würde. Sie sollten sich alle in ihm getäuscht haben.

Die Politik in El Salvador war zur damaligen Zeit geprägt von der Unterdrückung der Arbeiter, Bauern und Teilen des Klerus durch das Militär und die rechtsgerichteten Herrscherfamilien. Romero galt als Konservativer, der ein gutes Einvernehmen mit der Regierung garantierte und damit der Diplomatie des Vatikans keine Schwierigkeiten bereiten sollte. Doch die Brutalität des Militärs und die bittere Armut der Landbevölkerung bewirkten eine deutlich kritische Positionierung des neuen Erzbischofs. Als Romero erkennen musste, dass seine ursprünglich sehr behutsamen Vermittlungsversuche zwischen der bettelarmen Bevölkerung des Landes und dem Terrorregime nicht nur nicht geduldet, sondern rücksichtslos bekämpft wurden, wuchs Romero zum leidenschaftlichen Anwalt der unterdrückten Menschen im Land.

Schlüsselerlebnisse für Romero waren wohl das im Februar 1977 von Militärs und Sicherheitskräften verübte Massaker an Demonstranten, die sich auf der „Plaza Libertad", dem „Platz der Freiheit", in San Salvador versammelt hatten, um gegen den Betrug bei den Präsidentschaftswahlen zu protestieren, und andererseits die Ermordung des Jesuitenpaters Rutilio Grande und zweier seiner Begleiter ebenfalls im Jahre 1977. Das radikale Eintreten Romeros für die Armen, Entrechteten und Ausgebeuteten und sein unerschrockener Einsatz für Gerechtigkeit machten ihn bald zur herausragenden Stimme der lateinamerikanischen Befreiungstheologie. Das politische Engagement des neuen Erzbischofs wurzelte in einer zutiefst liebevollen Zuwendung zu allen Menschen. In Solidarität mit todgeweihten Krebskranken lebte er einige Zeit im Krankenhaus. Nicht aus politischen Motiven, sondern aus reinem Mitgefühl appellierte er an die Menschen, sich um die Armen, die Opfer der Unterdrückung ebenso zu kümmern wie um die Kranken. Mehrfach wurde er nach Rom zitiert, um sich dort wegen seines Regierungsstils zu rechtfertigen. Drei Tage vor seiner Ermordung beschlossen drei Kardinäle im Vatikan, Johannes Paul II. seine Amtsenthebung vorzuschlagen.

Am 24. März 1980 wurde Óscar Romero in der Kirche der Karmelitinnen in San Salvador während des Gottesdienstes erschossen. Das hat ihn zu einem Märtyrer seines Volkes und schlagartig in der ganzen Welt bekannt gemacht. Einer seiner markanten Sätze in seinen vielen Predigten lautet: „Die Kirche verrät das Evangelium, wenn sie aufhört, denen die Stimme zu geben, die keine Stimme haben." Die Kathedrale in San Salvador, wo Óscar Romero bestattet liegt, ist für das ganze Land und für Menschen aus allen Ländern der Welt zum Wallfahrtsort geworden. Eine Pilgerstätte, an der Menschen Ermutigung finden, dort, wo sie leben, für das einzustehen, woran sie glauben und wovon sie überzeugt sind.

Rot

Von allen Farbempfindungen erzeugt die Farbe „Rot" die stärkste erregende Wirkung. Experimente beweisen, dass bei längerem Betrachten von Rot die Atmung rascher wird, der Puls sich erhöht und der Blutdruck steigt. Rot signalisiert Leben, Kraft und Leidenschaft, Aktivität und Erregung. Rot ist die Liebe. Rot, vor allem das „Rotwerden" wird in unserer Umgangssprache mit zahlreichen sprichwörtlichen Vergleichen erläutert: „Bis über beide Ohren" erröten wir, wir werden rot „wie ein gesottener Krebs" oder wirken gelegentlich aufeinander „wie ein rotes Tuch". Die Feiertage im Kalender streichen wir „rot" an, und wenn jemand sehr zornig wird, dann sagen wir, er oder sie sehe „nur noch rot". Und auch die rote Glut des Feuers hat ihre Sprache: In der Bibel wird über das Pfingstereignis erzählt, dass „Zungen wie vom Feuer" auf die Apostel herabgekommen wären: „Auf jeden von ihnen ließ sich eine nieder." (Apg 2,3) Wir kennen den Phönix, den Vogel, der sich aus der Asche erhebt, erneuert wieder lebt, stärker als zuvor. Das Feuerrot der Flammen hat ihn verwandelt. Ein leidenschaftliches Wort des Wanderpredigers aus Nazareth lautet: „Feuer auf die Erde zu werfen, bin ich gekommen, und wie sehr wünsche ich, es wäre schon entfacht." (Lk 12,49 nach Fridolin Stier) Nicht die Asche hüten, sondern Funken sprühen, Glut entfachen und darauf achten, dass sie nicht erlischt ... Vorsichtige Menschen aber sind auf der Hut und kümmern sich eher darum, dass nur ja kein Flächenbrand entsteht und nichts Unerwartetes geschieht. Aber, so fragte schon vor Jahrzehnten Alexander Solschenizyn: „Wenn wir immer nur vorsichtig sind, sind wir dann noch Menschen?"

S

Secession

Am 3. April 1897 gründeten Gustav Klimt, Koloman Moser, Josef Hoffmann, Joseph Maria Olbrich, Max Kurzweil, Josef Engelhart, Erst Stöhr, Wilhelm List und andere Künstler die „Wiener Secession". Sie spalteten sich dadurch vom Wiener Künstlerhaus ab, weil sie den dort vorherrschenden Konservativismus und den am Historismus angelehnten Kunstbegriff ablehnten. Die erste Ausstellung fand 1898 statt. Im selben Jahr wurde die bedeutendste österreichische Kunstzeitschrift *Ver Sacrum* (Heiliger Frühling) gegründet. Neben der Eingangstür findet sich der Titel der Zeitschrift als Wahlspruch, der die Hoffnung auf eine neue Kunstblüte zum Ausdruck bringen soll. 1898 wurde das Ausstellungshaus nach Entwürfen des Otto-Wagner-Schülers Joseph Maria Olbrich erbaut. Das Grundstück an der Wienzeile, in unmittelbarer Nähe des Naschmarktes, wurde von der Stadt Wien zur Verfügung gestellt. Ein Hinweis darauf, wie schnell sich dieser Kreis in Wien Einfluss zu verschaffen wusste. Das Anliegen der „Secessionisten" war es, Kunst nicht als Tradition zu begreifen, sondern Kunst Maß nehmen zu lassen an dem, was im Inneren des Künstlers vor sich geht. Daher das Motto über dem Eingang des Olbrich'schen Secessions-Gebäudes: „Der Zeit ihre Kunst – der Kunst ihre Freiheit."

Der Zeitgenosse Arnold Schönberg, der sein künstlerisches Schaffen ganz in diesem Geist begreift, schreibt in einem Aphorismus: *„Kunst ist der Notschrei jener, die an sich das Schicksal der Menschheit erleben, die nicht mit ihm sich abfinden – mit diesem Schicksal nämlich – sondern sich mit ihm auseinandersetzen. Die nicht stumpf den Motor dunkler Mächte bedienen, sondern sich ins laufende Rad stürzen, um die Konstruktion zu begreifen. Die nicht* *die Augen abwenden, um sich vor Emotionen zu behüten, sondern sie aufreißen, um anzugehen, was angegangen werden muss. Die aber oft die Augen schließen, um wahrzunehmen, was die Sinne nicht vermitteln. Um innen zu schauen, was scheinbar nur außen vorgeht und innen, in ihnen, ist die Bewegung der Welt. Nach außen dringt nur der Widerhall, das Kunstwerk.*[42]

So betrachtet nimmt jede Künstlerin, jeder Künstler, jeder kreative Mensch mit seinem Innersten am Schicksal der äußeren Welt teil und versucht gerade dadurch, das Schicksal der ganzen Welt zu begreifen. In dieser Auseinandersetzung genügt es nicht, sich um die Tradition zu kümmern und zu wiederholen, was andere schon gedacht und gemacht haben. Es ist unbedingt notwendig, immer wieder in sich hineinzuhorchen, hinunterzusteigen in den Keller des Herzens, um zu begreifen, was da vor sich geht, was aus einem Menschen als unverwechselbar Eigenes zur Gestaltung dieser seiner Welt ans Tageslicht gefördert werden will. So betrachtet markiert mir der 3. April 1897 als Gründungsdatum der Secession nicht nur ein künstlerisches Ereignis, sondern eine Einladung, aufzubrechen, hinunterzusteigen in die Kellergänge der eigenen Kreativität und zutage zu fördern und sichtbar zu machen, was dort vor sich geht. Elke Heidenreich hat bei der Eröffnung der „Salzburger Festspiele" 2008 der paulinischen Überzeugung, dass Liebe nie zugrunde geht (1 Kor 13,8), ihre These entgegengestellt, dass die Liebe erlischt, der Tod sie abräumt, aber „die Geschichten, die Bilder, die Musik bleiben", von uns erzählen durch die Jahrhunderte, durch die Jahrtausende, sich verändern, gewiss, aber: bleiben. „Es ist die Kunst, die das Menschsein rettet. Es ist die Kunst, die uns hält, tröstet, die die einzige Gewissheit im Unbegreiflichen ist." Heidenreichs These ist 2008 viel diskutiert und zum Teil heftig bestritten worden. Mich persönlich konnte sie damals nicht irritieren, weil ich mir eine Kunst, die an die Herzen der Menschen rührt, ohne Liebe nicht vorstellen kann. Was immer auch bleiben mag, es bleibt nichts ohne die Liebe!

Segnen

Der heilige Franziskus zieht, so erzählt eine der vielen Wander-
legenden, mit zwei Gefährten durch Assisi, um zu predigen, den
ganzen Tag hindurch aber spricht er kein Wort. Am Abend fragen
ihn seine Begleiter, warum er denn den ganzen Tag über ohne ein
Wort zu sagen durch die Stadt gezogen sei. Franziskus schaut sie
traurig an und fragt zurück: „Habt ihr nicht bemerkt, dass ich jeden Menschen, dem wir begegnet sind, gesegnet habe?"
Manchmal, wenn ich durch die Stadt gehe, muss ich an diese Erzählung denken und wünsche mir etwas von dieser positiven,
segnenden Kraft. Das lateinische Wort für „segnen" heißt „bene-
dicere", das wörtlich übersetzt „gutheißen" bedeutet, also eine un-
mittelbare Zusage meint, ein bedingungsloses Ja einem anderen
Menschen gegenüber! Zum ersten Mal in meinem Leben bin ich
mir dessen bewusst geworden in Kärntens ältester Kirche in Karn-
burg bei Maria Saal. Dort befindet sich an der linken vorderen In-
nenwand eine (jetzt zugemauerte) Tür aus karolingischer Zeit und
über der Tür eine in Stein gehauene segnende Hand. Die Hand
Gottes über unseren Ausgängen und Eingängen, sein Segen über
unserem Weggehen und Heimkommen. Ich mag diese Hand. Sie
erinnert mich an meine Kindheit und Jugend, an meine Mutter,
wie sie mir, wenn ich für längere Zeit fortging, mit ihrer Hand ein
Kreuz auf die Stirn zeichnete. In dieser wortlosen Geste war all ihr
Wünschen zusammengefasst und damit zum Ausdruck gebracht,
was in einem über zweitausend Jahre alten Geleitwort aus dem
Buch Deuteronomium steht:

Gesegnet Du in der Stadt
Gesegnet Du auf dem Feld
Gesegnet
Die Frucht Deines Leibes
Die Frucht Deines Bodens
Die Frucht Deines Viehs
Der Wurf Deiner Rinder, die Brüste Deiner Schafe

Gesegnet Deine Mulde und Dein Backtrog
Gesegnet Du bei Deiner Ankunft
Gesegnet Du bei Deiner Ausfahrt[43]

Spiritualität und Mystik

Ich war Seelsorger in Klein St. Paul, einer kleinen Industriegemeinde in Kärnten, als völlig unerwartet der Direktor des „Berliner Ensembles", vormals Direktor des Wiener Burgtheaters, Claus Peymann, sich nach den „Beginnzeiten meiner Vorstellungen" erkundigte, verbunden mit dem Ansinnen, am kommenden Sonntag den Pfarrgottesdienst besuchen zu wollen. Bestens auf meine Predigt vorbereitet, ich musste schließlich einem Theaterdirektor eine würdige „Vorstellung" bieten, war ich nicht sehr überrascht, am Ende der Messe sein fachmännisches Lob zu vernehmen: „Was ich heute hier erlebt habe, kriege ich als Theaterdirektor auf keine Bühne!" Wirklich überrascht war ich allerdings, als ich erst nach einem mehrstündigen, ausgiebigen Mittagessen erklärt bekam, worauf sich dieses Lob des großen Theatermachers bezog. Was den Meister der Dramaturgie so beeindruckt hatte, war nicht die gründlich vorbereitete Predigt und auch nicht der an diesem Tag ganz bewusst eingesetzte liturgische Gesang des Zelebranten oder sonstige bemerkenswerte liturgische Details vom Glockenklang über Chorgesang bis hin zum dampfenden Weihrauchfass. Nein, seine ganze Aufmerksamkeit galt dem Moment der Wandlung, jenem kurzen Augenblick, in dem der Priester eine unscheinbare Scheibe ungesäuerten Brotes zum Himmel emporhebt. Dieser winzige Augenblick völliger Stille in einer kleinen Dorfkirche am Rande der Welt hatte es vermocht, einen routinierten, weltmännisch verwöhnten Theaterprofi für einen Moment außer sich und buchstäblich sprachlos sein zu lassen. Diese gesammelte Stille, die alle Anwesenden für einen Augenblick im Schweigen vereint, versteht die Kirche als *„fons et culmen"*, als Quelle und Höhepunkt allen rituellen Geschehens.

Dieses Ereignis liegt nun schon bald fünfzehn Jahre zurück. Inzwischen habe ich mein Priesteramt gegen das eines Psychotherapeuten eingetauscht. Geblieben aber ist eine ständig wachsende Leidenschaft für genau das, worum es damals in Klein St. Paul und seither in unzähligen anderen Momenten meines Lebens gegangen ist: um erfüllte Stille, in der sich innere Wandlung vollzieht! Momente des Berührtwerdens und Angerührtseins, in denen ein Mensch so da ist, dass er davon „ganz weg" ist. In solchen Momenten geschieht Verwandlung: Aus Brot und Wein wird Kraft und Freude, aus dem Alltag der Augenblick, aus der Gewohnheit die Innigkeit, aus Wiederholung Einmaligkeit, aus Routine innere Berührung, aus der Reprise eine Weltpremiere. Alle Kreativität, jedes schöpferische Wirken hat in solcher Erfahrung ihren unverwechselbaren Ursprung.

Yehudi Menuhin sagt, dass diese Art von Stille nie Leere ist: *„Es ist Klarheit, aber nie Farblosigkeit; es ist Rhythmus wie ein gesunder Herzschlag; es ist das Fundament allen Denkens und damit das, auf dem jedwedes Schöpferische von Wert beruht. Aus dem Schweigen entsteht alles, was lebt und dauert; besitzt man diese schweigende Stille in sich, kann man dem äußeren Lärm mit Gleichmut begegnen; denn das Schweigen verbindet uns mit dem All, mit dem Unendlichen, es ist die Wurzel der eigenen Existenz und damit das Gleichgewicht des eigenen Lebens."*[44]
Dieses Schweigen ist die Grundbewegung aller Mystik: Es führt in die Mitte des Menschen und gleichzeitig darüber hinaus! Was verstehe ich auf diesem Hintergrund unter „Spiritualität"? Für mich sind Mystik und Spiritualität zwei Seiten einer Medaille. Die Mystik sucht in der Stille die innere Erfahrung und die Spiritualität versucht diese Erfahrung ins Wort zu bringen. Eine neutestamentliche Konnotation des Wanderpredigers aus Nazareth lautet: „Heran zu mir alle, ihr Mühenden und Überbürdeten: Ich werde euch aufatmen lassen." (Mt 11,28 in der Übersetzung von Fridolin Stier) Damit ist für mich das zentrale Element aller Mystik und Spiritualität benannt: Ihr Ort ist die Stille, ihr Instrument die Geduld, ihre Sprache das hörbare Aufatmen und das nachsprachlich erfüllte Schweigen.

In meinen römischen Studienjahren hatte ich neun Jahre lang die Gelegenheit, immer wieder das kleine Kirchlein „Santa Maria della Vittoria" in der Via XX Settembre zu besuchen. Ziel meiner kleinen Andachten dort war Gian Lorenzo Berninis Marmorskulptur „Die Ekstase der hl. Teresa von Ávila". Die überlebensgroße Marmorkomposition hatte Bernini zwischen 1647 und 1652 im Auftrag des venezianischen Kardinals Federico Cornaro geschaffen. In einem Tabernakel über dem Kapellenaltar ist das Geschehen der „unio mystica" der heiligen Teresa von Ávila mit Gott gezeigt. Ein transzendentales, metaphysisches Ereignis, welches jenseits der erfahrbaren Wirklichkeit stattfindet.

Bernini inspirierte eine autobiografische Erzählung der spanischen Mystikerin Teresa von Ávila, wo sie, in einer explodierenden Verzückung auf Wolken schwebend und der Erde entrückt, sich einem als Jüngling dargestellten Engel hingibt, der einen goldenen Pfeil von oben ihr entgegenschleudert. Das Erleben Gottes, wie es Bernini aus dem Carrara-Marmor herausarbeitet, gleicht verblüffend der Darstellung erotischen Erlebens und körperlicher Liebe. Bei der Enthüllung des Werkes soll es damals zu heller Empörung gekommen sein. Die erotischen Ausdrucksformen schienen den mystischen Gehalt zu überdecken. Unverhüllt wird hier gezeigt, wie eine Frau der Erotik Gottes erliegt.

Dabei ist die Darstellung keineswegs allein der Fantasie eines barocken Bildhauers entsprungen. Teresa selbst schildert ihre mystischen Erfahrungen so körperlich, dass man dem Künstler nicht vorwerfen kann, er habe seine weltliche Fantasie zu sehr in dieser mystischen Szene wiedergegeben. Teresa selbst notiert in ihr Tagebuch:

„Es wollte der Herr, dass ich den Engel in leiblicher Gestalt sehen sollte. Er war nicht groß, eher klein, aber sehr schön. In den Händen des mir erschienenen Engels sah ich einen langen goldenen Pfeil; an der Spitze seines Eisens schien mir Feuer zu sein; es kam mir vor, als durchbohrte er mit dem Pfeil einige Male mein Herz bis ins Innerste, und wenn er den Pfeil wieder herauszog, war mir, als zöge er den innersten Teil meines Herzens mit heraus. Als er mich dann verließ,

war ich ganz entzündet von feuriger Gottesliebe. Der Schmerz war so scharf, dass er mich zu vielen Seufzern trieb, und so groß war die Süßigkeit dieser Qual, dass ich niemals wünschen kann, sie zu verlieren, noch dass meine Seele mit weniger als Gott zufrieden sei. Es ist kein körperlicher Schmerz, sondern ein geistiger, obwohl der Körper Anteil daran hat, großen Anteil. Der Liebesverkehr, der seither zwischen meiner Seele und Gott stattfindet, ist so beglückend, dass ich den gütigen Herrn anflehe, er wolle ihn dem zu kosten geben, der etwa meint, ich würde hier lügen."[45]

In Mystik und Spiritualität geht es um nichts weniger als um alles! Im Grunde geht es darum, Himmel und Erde zusammenzuführen, das verhängnisvolle Splitting zwischen hüben und drüben, oben und unten, heilig und sündig, letztlich zwischen Gott und Mensch zu überbrücken und dem Menschen zu helfen, sich selbst als unersetzbaren Teil eines größeren Ganzen zu begreifen. Friedrich Nietzsche kritisiert das Christentum unter anderem genau an diesem Punkt. Er beklagt, dass man in den Augen der Christen die Erlösung nicht sehen könne, weil ihr ständiger Ruf nach Mäßigung nur Mittelmäßigkeit hervorbringe. So findet nie ein orgiastisches Fest statt, immer nur Freude mit schlechtem Gewissen oder Vollgas mit angezogener Handbremse. In Jesus aber besitzt das Christentum eine erosfreundliche Gestalt. Heinrich Böll verweist daher auf eine „Theologie der Zärtlichkeit" im Neuen Testament, eine Zärtlichkeit, die immer heilend wirke: durch Worte, Handauflegen, das man ja auch Streicheln nennen könnte, durch Küsse, Umarmungen, sinnliche Gesten, gemeinsames Essen und Trinken, Fußwaschungen, Gespräche … Das alles seien Zeichen für eine erotische Kultur, die mehr umfasst als reine Sexualität. So zeigt sich dem aufmerksamen Leser des Neuen Testamentes in Jesus aus Nazareth eine Inkarnation der Erotik Gottes und damit letztlich einen Archetyp des Liebhabers, den leider die asketische hellenistische Auslegungstradition allzu lange unterschlagen und solche Bibelinterpretationen verhindert hat.

Die Überlebenschance christlicher Kirchen besteht also darin, die in der Bibel so deutlich feststellbare Lust am Lebendigen, die Lust an der Zärtlichkeit, theologisch, liturgisch und praktisch wieder stärker zu artikulieren. Aus historischer Sicht ist es schwer zu erklären, warum sich die Erotik in der christlichen Religion mit dem letzten Rang zufriedengeben muss. Denn der Gott Eros hatte ursprünglich eine andere Funktion als die eines Feindbildes der reinen christlichen Lehre. In der Antike galt der Sohn der Liebesgöttin Aphrodite noch als Leitfigur der Tugend und der Menschlichkeit.

Über die Dörfer

Was ich aus persönlicher Erfahrung weiß, bestätigen auch die
Gehirnforscher. Nach nichts hat der Mensch so sehr Sehnsucht
wie nach anderen Menschen. Alles Lebendige strebt auf Gemeinschaft hin. Aber sosehr Gemeinschaft das ersehnte Ziel des Menschen sein mag, so sehr ist diese ohne ihre Gegenrichtung, das
Streben nach und das Durchleben von Einsamkeit, nicht lebbar.
Beides gehört zum Menschen. Danach gefragt, welche Richtung
den Vorzug genießt, kann die Antwort nur lauten, dass keine
der beiden Bewegungen von vornherein recht hat, aber gewis-
sermaßen doch beide aufeinander bezogen bleiben, aber keine
ganz und bloß für sich. Wer die Kunst beherrscht, die Spannung
zwischen Einsamkeit und Gemeinsamkeit richtig zu leben, weiß,
wie gut es tut, wenn beide richtig vollzogen, aufeinander hin
offen bleiben.
Türen müssen im Leben eines Menschen offen stehen, dann aber
immer wieder auch geschlossen werden. Schenken wird unmöglich, wenn nicht auch ein Behalten da ist, mitteilen kann nur, wer
auch Unmitteilbares hat. Wenn eine Gemeinschaft ständig fordert,
ist es für einen Menschen schwer, zur inneren Sammlung zu kommen, zum Charakter zu reifen. Die Afrikaner sagen, dass es ein
ganzes Dorf brauche, um ein Kind zu erziehen. Irgendwann aber
braucht dieses Kind die Ermutigung, sein Dorf zu verlassen. Der
Liebesdienst einer dörflichen Gemeinschaft besteht dann gerade
darin, diesem Kind Mut zu machen, niemandem nachzulaufen,
sondern erwachsen zu werden und unverwechselbar eigene Wege
zu gehen. Dazu ermutigt auch Peter Handke in seinem dramati-
schen Gedicht „Über die Dörfer", in dem er „Nova" sagen lässt:

Spiele das Spiel.
Gefährde die Arbeit noch mehr.
Sei nicht die Hauptperson.
Suche die Gegenüberstellung.
Aber sei absichtslos.
Vermeide die Hintergedanken.
Verschweige nichts.
Sei weich und stark.
Sei schlau, lass dich ein
und verachte den Sieg.
Beobachte nicht, prüfe nicht,
sondern bleib geistesgegenwärtig,
bereit für die Zeichen.
Sei erschütterbar, zeig deine Augen,
wink die anderen in die Tiefe,
sorge für den Raum und
betrachte jeden in seinem Bild.
Entscheide nur begeistert.
Scheitere ruhig.
Vor allem, hab Zeit und nimm Umwege.
Lass dich ablenken.
Mach sozusagen Urlaub.
Überhör keinen Baum und kein Wasser,
kehr ein, wo du Lust hast und
gönn dir die Sonne.
Vergiss die Angehörigen,
bestärke die Unbekannten,
bück dich nach Nebensachen,
weich aus in die Menschenleere,
pfeif auf das Unglück,
zerlach den Konflikt.[46]

Väter
(zum 20. Todestag meiner Väter im Juli 2014)

Im Juli 1994 besuche ich Erwin Ringel in Bad Kleinkirchheim und überbringe ihm die Parte meines wenige Tage vorher verstorbenen Vaters. Ringel sitzt auf dem Balkon seines Hotelzimmers in der Abendsonne und summt vor sich hin die Melodie von Franz Schuberts Lied „Im Abendrot". Aus Pietätsgründen zögert mein Lehrer, mich zum Abendessen einzuladen. Ich aber gebe ihm zu verstehen, dass ich gerne bliebe. Er reibt sich die Hände, freute sich darüber und bittet zu einem fürstlichen Mahl, um auf diese Weise den Geburtstag seiner Frau Angela zu feiern. Am nächsten Morgen ist Erwin Ringel tot. Herzinfarkt!
In der Aussegnungshalle in Spittal an der Drau finde ich dann meine beiden Väter in ihren Särgen nebeneinander liegend. In diesem Moment ist mir bewusst: Die Väter sind tot! Höchste Zeit erwachsen zu werden!
Franz Schuberts Lied „Im Abendrot" bleibt seither unverwechselbar mit meiner Erinnerung an das Sterben meiner Väter verbunden.

Im Abendrot

O wie schön ist deine Welt,
Vater, wenn sie golden strahlet!
Wenn dein Glanz herniederfällt
und den Staub mit Schimmer malet,
wenn das Rot, das in der Wolke blinkt,
in mein stilles Fenster sinkt!

Könnt' ich klagen, könnt' ich zagen?
Irre sein an dir und mir?
Nein, ich will im Busen tragen
deinen Himmel schon allhier,
und dies Herz, eh es zusammenbricht,
trinkt noch Glut und schlürft noch Licht.[47]

Versöhnung statt Rache

Zwei Bauern leben ein Leben lang wegen eines Grenzstreits in erbitterter Feindschaft. Dann liegt einer der beiden im Sterben und lässt den anderen rufen, um sich mit ihm zu versöhnen. Wortlos tritt dieser ans Sterbebett. Der Todkranke streckt ihm die Hand entgegen und sagt: „Samma wieda guat?" – „Samma wieda guat!", willigt der andere ein. In die Stille hinein sagt darauf der Sterbende: „Wenn i aber nit stirb, bleibt all's beim Alten!"

Versöhnung meint mehr als den Buchstaben einer gesellschaftlichen Konvention oder den Wortlaut eines religiösen Gesetzes. Versöhnung ist kein Dienst nach Vorschrift. Versöhnung muss aus der Herzmitte eines Menschen kommen, um zur Herzmitte eines anderen Menschen vordringen zu können! Wie aber geht das?

„Wer vergibt, ist Gott ähnlich", sagt der Mystiker Henri Boulad und meint damit, dass ein vergebender und verzeihender Mensch im Grunde in die Rolle eines barmherzigen Gottes schlüpft und auf die Logik des Stärkeren verzichten kann. Hier handelt es sich um die Psycho-Logik der Liebe, die kein Recht einfordert, sondern – selbst auf die Gefahr hin, dass sie ausgeschlagen wird – eine Alternative zur Stärke anzubieten versucht. Gelebte Vergebung schafft so den gesunden Raum für den Neubeginn einer Beziehung durch bedingungsloses, unabhängig vom anderen Menschen gesetztes Handeln, das sich von nichts, nicht einmal vom Undank, aufhalten lässt. So verstandenes Vergeben ist nie vergebens, es ist der heilsam innerste Kern alles Lebendigen, im Grunde die Seele jeder gelebten Beziehung. Wer es schon einmal versucht hat, kann bestätigen: Nicht Rache, Vergebung ist süß! Nicht Richtersprüche, sondern Vergebungssprüche tun der verletzten Seele gut.

Ein Ö1-„Hörbild" vom 20. April 2013, ein Feature von Andreas Kuba und Günter Kaindlstorfer, erzählt, wie der Wiener Jude Alfred Müller zum Special Agent Chaim Miller wird und sich an Racheaktionen der Jüdischen Brigaden in Villach, Klagenfurt und Lienz beteiligt. Sie vollstrecken Urteile dadurch, dass sie die von ihnen hingerichteten ehemaligen Nazis zuvor ihr eigenes Grab schaufeln lassen und sie dann stehend im Grab durch Kopfschuss hinrichten. Zum Schluss des „Hörbildes" sagt der neunzigjährige Miller: „Befriedigend war es nicht. Bereut haben wir es aber auch nicht: Bereut haben wir, dass wir nicht mehr gemacht haben!" Chaim Millers Tochter, heute danach gefragt, ist stolz auf ihren Vater. Seine Enkelin Osnath reagiert differenzierter. Sie sagt: „Rache ändert nichts. Rache macht nicht glücklicher. Rache lässt dich nicht zur Ruhe kommen!"

Rache ist eine Handlung, mit der wir Vergeltung üben möchten an einem anderen, von dem wir uns betrogen oder seelisch verletzt und zutiefst gekränkt fühlen. Wir fühlen uns angegriffen, ungerecht behandelt, erniedrigt oder ausgenutzt und wollen mit der Rache für Gerechtigkeit sorgen. Durch die Vergeltung oder Revanche soll der andere bestraft und ihm zu verstehen gegeben werden: „Mit mir nicht!" Selten erfolgen solche Racheakte impulsiv. Meist sind sie sehr gut geplant und durchdacht. Wer sich dabei vorschnell auf die Bibel beruft und auf das Prinzip „Auge um Auge, Zahn um Zahn", versucht dabei nur seine blinde Wut zu rechtfertigen und nimmt damit auf beiden Seiten Blinde und Zahnlose in Kauf. Mit diesem Argument hat Martin Luther King seine Leute davon gewarnt, Unrecht mit Unrecht zu vergelten.

Es gibt die Rache, die wir nur in der Fantasie ausüben, und die tatsächlich durchgeführte Rache. Wenn wir uns rächen, besteht die Gefahr, dass der andere sich im Gegenzug an uns rächt und wir so in einen Teufelskreis geraten. Rache schafft keine Gerechtigkeit, sondern nur neues Unrecht. Racheakte bedrohen gewöhnlich den anderen, und es besteht die Gefahr, dass er ebenfalls mit Rache reagiert und so eine Spirale der Gewalt lostritt, die den inneren Grund des Handelns nicht mehr weiß und deshalb auch niemandem mehr erklären kann. Gibt es andere Wege als Rache, um eine Kränkung zu heilen? In meiner therapeutischen Arbeit habe ich oft Alternativen zu praktizierter Rache erlebt. Etwa, wenn ein schwer gekränkter Mensch den Mut fasst, seinen Gegner um ein Gespräch oder um Klärung zu bitten, dabei seine Enttäuschung äußern kann und um friedliche Beilegung des Konflikts bemüht ist. Immer wieder ist es mir vergönnt, solche Versöhnungsbegegnungen anzubahnen, ihnen einen neutralen Rahmen zu bieten und dabei zu sein, wenn auf beiden Seiten Tränen der Freude fließen und das Aufatmen sichtbar wird.

Andere schreiben einen Brief, an dem sie lange feilen und dabei bemüht sind, sich auf das Wesentliche zu konzentrieren, ihre Gefühle kontrolliert zum Ausdruck zu bringen und den Wunsch nach Versöhnung so zu formulieren, dass sich daraus kein „Klein-Beigeben" ableiten lässt. Versöhnung verträgt keinen Rangunterschied. Versöhnung erfordert Augenhöhe, Respekt, Gleichwertigkeit. Versöhnung ist dynamisch und ändert die innere Landschaft der um sie bemühten Menschen. Rache dagegen ändert nichts zum Besseren, im Gegenteil, sie macht alles schlimmer.

Rache macht nicht glücklicher, sie lässt vor allem nicht zur Ruhe kommen und hinterlässt nur verbrannte Erde und zutiefst gekränkte und verletzte Menschen. Das dürfte auch den beiden Bauern am Sterbebett des einen bewusst gewesen sein. Im Zweifelsfall ist Versöhnung der bessere Weg. Was aber der Sterbende nicht bedenkt oder aber sein Leben lang am eigenen Leib nie erfahren hat: Wer die Hand zur Versöhnung reicht, betritt Neuland. Die Klugheit seines Herzens rechnet nicht, schaut nicht zurück, sie richtet ihren Blick nach vorne.

„Was hinter mir – das vergesse ich; was vor mir – danach strecke ich mich aus." (Phil 3,13 in der Übersetzung von Fridolin Stier)

Verdrehte Welt

Manchmal ist es hilfreich, die Dinge auf den Kopf zu stellen, um sie mit neuen Augen sehen zu können. Der Künstler Georg Baselitz (* 1938) hat in den 1960er-Jahren die moderne Malerei wesentlich mitgeprägt. Er fängt an, seine Bildmotive in Streifen zu zergliedern und neu zusammenzufügen. So entstehen seine sogenannten Frakturbilder. Dies führt unter anderem 1969 zur Motivumkehr mit seinem Bild „Der Wald auf dem Kopf". Mit diesen auf dem Kopf stehenden Bildern wird Baselitz weltberühmt. Der Künstler will mit dieser Umkehr seiner Malerei angesichts der Wirklichkeit, die er dabei abbildet, eine von der dargestellten Wirklichkeit unabhängige Eigenständigkeit geben. Und damit schafft er neue Zugänge, sowohl zur Wirklichkeit als auch zur Malerei.

Vergleichbares hat zu dieser Zeit Peter Handke in der Literatur vollbracht. In seinem Schauspiel „Publikumsbeschimpfung" dreht er die Scheinwerfer von der Bühne ins Publikum und macht die Theaterbesucher zu Hauptakteuren seines Sprechstückes (am 8. Juni 1966 in Frankfurt am Main im „Theater am Turm" unter der Regie von Claus Peymann uraufgeführt). In seinem Buch „Die Begrüßung des Aufsichtsrates" (1967) findet sich der Text „Lebensbeschreibung", dem er ein geläufiges Zitat aus der Bibel in antitextlicher Verdrehung voranstellt: „Was nützt es einem Menschen, wenn er seine Seele gewinnt, an der Welt aber Schaden leidet?" Das bei Handke auf den Kopf gestellte biblische Original lautet: „Was nützt es einem Menschen, wenn er die ganze Welt gewinnt, an seiner Seele aber Schaden leidet?" (Lk 9,25)

Das hat mich in der Zeit meiner seelsorglichen Tätigkeit oft animiert, vor vermeintlich bibelfesten Zuhörern gelegentlich bekannte Bibelzitate auf den Kopf zu stellen und gespannt auf die Reaktion zu warten. Sehr oft hat sich daraus Schmunzeln, aber auch Empörung, fast immer eine rege Diskussion über den Inhalt des Gesagten ergeben. Nicht selten wurde der auf den Kopf gestellte biblische Texte in seiner provokanten Absicht auch nicht erkannt oder aber in der selektiven Wahrnehmung meiner Zuhörerinnen und Zuhörer beim Hören schon korrigiert und wieder richtiggestellt. So etwa das Wort aus dem Munde Jesu: „Nicht die Kranken brauchen den Arzt, sondern die Gesunden", oder der Hinweis auf das bekannte Sprichwort: „Morgenstund ist aller Laster Anfang!" Einer meiner Schüler, dessen Religionslehrer und Erzieher ich zwei Jahre lang in Tanzenberg bei Maria Saal gewesen bin, hat zum Entsetzen vieler beim Sonntagsgottesdienst die Antitextmethode auch auf das ihm aufgetragene Vortragen der Sonntagslesung angewendet: Statt „Ein Herr, ein Glaube, eine Taufe, ein Gott und Vater aller, der da ist über allem" (Eph 4,5) las er mit stolzer Brust: „Kein Herr, kein Glaube, keine Taufe, kein Gott und Vater aller." Einige, vor allem Erwachsene waren empört, seine Mitschüler haben ihn als Held gefeiert, andere haben es bedauert, dass sie diesen revolutionären Moment während einer sonntäglichen Pflichtveranstaltung verschlafen haben.

Was Georg Baselitz in der Malerei und Peter Handke als Schriftsteller mit ihren Arbeiten uns neu bewusst gemacht haben, zeigt dem aufmerksamen Zeitgenossen immer wieder auch der Alltag: Ein und dieselbe Sache aus anderer Perspektive betrachtet öffnet die Augen, erweitert den Horizont und fördert nicht zuletzt den Humor …

Vier Siebe

Die Legende erzählt, dass zu Sokrates ein Mann kommt und ihm sagt: „Höre, ich muss dir etwas Wichtiges über deinen Freund erzählen!" – „Warte ein wenig", unterbricht ihn der Weise, „hast du das, was du mir erzählen willst, schon durch die drei Siebe hindurchgehen lassen?" – „Welche drei Siebe?", fragt dieser. „So höre: Das erste Sieb ist das der Wahrheit. Hast du dich von der Wahrheit der Sache vergewissert?" – „Nein, ich habe es von anderen gehört", erwidert der Mann. „Nun denn, das zweite Sieb ist das der Güte. Ist die Ursache dafür, dass du diese Nachricht weitergeben willst, einem gütigen Motiv deines Herzens entsprungen?" Der Mann schweigt. Darauf der Weise: „Das dritte Sieb schließlich ist das der Nützlichkeit. Glaubst du, dass diese Nachricht meinem Freund oder mir von Nutzen sein wird?" Der Mann schweigt. „Also", sagt lächelnd der Weise, „wenn es weder wahr noch gut noch notwendig ist, so lass es begraben sein und belaste dich und mich nicht damit."

Wenn ich bei meinen Gesprächen unter vier Augen auf diese Geschichte zu sprechen komme, ergibt sich oft wie von selbst ein viertes Sieb als Orientierungshilfe: „Gibt es einen erkennbaren Grund, warum du mir gerade jetzt diese Geschichte erzählen musst/willst?" Auch hier tritt nicht selten betretenes Schweigen auf. Gelegentlich ergibt sich daraus aber eine hilfreiche Einsicht, dass ich im Blick auf den anderen Menschen vor allem in ihm das erkenne, was mich im Moment sehr beschäftigt. Um es an mir nicht wahrzunehmen, lenke ich meinen Blick auf ihn in der (unbewussten) Hoffnung, damit persönlich nichts zu tun haben zu müssen.

Violett

Eine Mischung aus Blau und Rot; Vermittlung von Ruhe und Bewegung, Aktivität und Kontemplation, so, als sollten wir zwischen beidem das rechte Maß finden. Dabei geht es nicht um Mäßigung als Selbstbestrafung, sondern schlicht und einfach um das rechte Maß. Violett ist in der katholischen Kirche die liturgische Farbe der Advent- und Fastenzeit, Zeiten der Besinnung und der Suche nach dem rechten Maß. „Für alles ist eine Zeit", sagt Kohelet, „eine Frist fürs Weinen und eine Frist fürs Lachen, eine Frist fürs Klagen und eine Frist fürs Tanzen."[48]) *Ne quid nimis*, wie die Alten sagten: „Von nichts allzu viel!" Das rechte Maß finden, wissen, wann es genug ist … Das ist zunehmend schwieriger in einer Welt der tausend Möglichkeiten, wo im Winter die Karibik lockt und im Sommer der Erlebnisgletscher. Violett, die Farbe des rechten Maßes und der Mäßigung.

Zwischen Freude und Schmerz, zwischen Leidenschaft und Beherrschung liegt das Geheimnis dessen, was die Bibel „Leben haben überreich" nennt. Der violette Schmuckstein heißt Amethyst. Das bedeutet wörtlich übersetzt: „Stein der Nichttrunkenheit. Stein der Nüchternheit." In der Antike wird er als Mittel gegen Gift und Trunkenheit getragen. In der geheimen Offenbarung des Johannes ist der Amethyst einer der Grundsteine des Himmlischen Jerusalem; er vermittelt in seiner gebrochenen Farbe zwischen Himmel und Erde, zwischen Gott und dem Menschen, er steht gegen Machtrausch und Größenwahn und dafür, dass der Mensch sich dem Menschen als Mensch erweist.

W

Warten bis zur Ernte

Menschen sind Gemeinschaftswesen. Sie leben aus dem täglichen Miteinander von Ich und Du. Sie werden aneinander zu den Menschen, die sie sind. Jeder trägt die Spuren der Menschen in sich, mit denen er sich umgibt, denen er täglich begegnet. Jean-Paul Sartre sagt sogar, dass wenn zwei Menschen einander begegnen, beide voneinander ein Geheimnis besitzen. Sie schauen einander mit den je eigenen Augen an und wissen etwas voneinander, das nur durch Vertrauen nach und nach mitgeteilt, also miteinander geteilt werden kann.

Martin Buber ist davon überzeugt, dass es kein isoliertes „Ich an sich" gibt, sondern nur ein „Ich", das automatisch auf ein „Du", auf einen anderen Menschen hin bezogen ist. Ohne eine solche Beziehung gibt es kein Leben. Sehr anschaulich erzählt er dazu in seinem Werk „Zwiesprache" von einem gottbegeisterten Mann, der mit den Menschen nichts mehr zu tun haben will, weil sie ihn ignorieren und in ihren täglichen Begegnungen aneinander vorbeireden.

Und so sagt er sich von diesen Menschen los, macht sich allein auf den Weg zur „Pforte des Geheimnisses" und pocht dort an die Tür. Von drinnen wird er gefragt: „Was willst du hier?" – „Ich habe", rechtfertigt er sich, „mit den Menschen geredet, aber ihre Ohren waren mir taub. So komme ich allein hierher!" – „Kehr um", sagt ihm die Stimme von drinnen, „hier ist dir kein Ohr. In die Taubheit der Sterblichen habe ich das Hören versenkt."[49]

Bis zum heutigen Tag fasziniert und begleitet mich diese Geschichte. Der Schluss, den ich daraus ziehe, lautet: Wer das Leben sucht, kann es nur finden, wenn er die Menschen sucht!

Und oft sind es gerade diejenigen, mit denen wir im Moment nichts zu tun haben wollen. Auf lange Sicht sind es nicht selten diejenigen, von denen wir am meisten lernen, vorausgesetzt, wir drehen ihnen nicht den Rücken zu und tun so, als gingen sie uns nichts an. Das biblische Gebot „Liebe deinen Nächsten wie dich selbst" lautet in der rabbinischen Übersetzung: „Liebe deinen Nächsten, er ist wie du!" Damit kommt zum Ausdruck, dass wir nicht besser sind als die anderen und dass wir uns selbst keinen guten Dienst tun, wenn wir besser sein wollen als die anderen.

Die wesentlichen Dinge des Lebens erfordern Geduld. Es gibt Situationen im Leben, wo schnelle Urteile und Entscheidungen katastrophale Folgen haben können, weil sie blind machen für Perspektiven und Möglichkeiten, die es auch noch gibt, die aber zunächst (noch) nicht gesehen werden. Eine Wanderlegende aus dem 4. Jahrhundert erzählt, dass Jesus mit seinen Freunden über die Kornfelder geht. Die ersten von ihnen treffen auf einen stinkenden Hundekadaver und schlagen den Nachkommenden einen Umweg vor. Jesus aber kniet nieder, ruft seine Gefährten zu sich, zeigt auf das verwesende Tier und sagt: „Seht doch die schönen weißen Zähne!"

Wie schnell wissen Menschen oft im Blick auf andere Menschen, was sie von diesen zu halten haben. Kaum entspricht jemand nicht ihren Erwartungen, schütten sie nicht selten das Kind mit dem Bade aus, ziehen sich zurück, bilden sich ein Urteil, das oft schwer zu revidieren ist. Der andere hat keine Chance, sich zu erklären geschweige denn „seine schönen weißen Zähne" zu zeigen. Im biblischen Gleichnis vom Unkraut unter dem Weizen (Mt 13, 24–30) fragen die Knechte des Bauern, ob sie das Unkraut auf dem Weizenfeld ausjäten sollen. Er antwortet ihnen: „Nein, sonst reißt ihr in eurem Eifer zusammen mit dem Unkraut auch den Weizen aus. Lasst beides wachsen bis zur Ernte."

Wiederentdeckung der Langsamkeit

Innerhalb weniger Jahrzehnte hat sich die Fortbewegung vom gemächlichen Tempo einer Pferdekutsche bis zur Geschwindigkeit von Überschallflugzeugen gesteigert. Die Frist einer durchschnittlichen Briefzustellung hat sich von mehreren Wochen auf Tage und zuletzt Sekunden verringert. Ob eine elektronische Nachricht ins Nachbarhaus oder in einen entfernten Kontinent geht, macht nur mehr einen zeitlichen Unterschied von Sekundenbruchteilen aus.

Zugleich mit den vielen mechanischen und elektronischen Errungenschaften, welche die Arbeit erleichtern und verringern, ist das Leben der meisten Zeitgenossen nicht ruhiger und bequemer, sondern hektischer geworden: Der maschinell arbeitsentlastete Mensch lehnt sich nämlich nicht zurück, um die dazugewonnene Ruhe zu genießen, sondern er beugt sich vor, um mit der steigenden Geschwindigkeit der Maschinen und Apparate Schritt halten zu können.

Das Unvermögen des beschleunigten Menschen liegt in seiner wachsenden Unfähigkeit zur Langsamkeit, zur Bedächtigkeit und gründlichen Prüfung, letztlich in einer Unfähigkeit zur Hingabe. Es mag eine schnelle Leidenschaft, einen rasanten Flirt oder eine kurze Liebschaft geben – aber die Zeit, die die Liebe braucht, ist kostbar und eine Seltenheit geworden.

Die Entdeckung der Langsamkeit ist daher auch eine Wiederentdeckung der Hingabe. Ob man sich beim Wandern einer Landschaft, beim Musizieren der Musik, bei der Lektüre einem Text oder bei der Liebe einem Menschen „hingibt": Es kann nur gelingen, wenn man sich die Zeit dafür nimmt. Wenn ein Indianer eine Reise tut, legt er bei der Ankunft eine Pause ein, die so lange dauert, bis seine Seele nachgekommen ist.

Weihnachten

In den Tagen des Advents geraten nicht wenige Menschen in Verlegenheit: Die einen ertragen das Warten nicht und feiern recht ausgelassen „vorweihnachtlich". Andere fürchten sich vor dem Feiern und versuchen der zwischenmenschlichen Kälte durch eine Reise in den Süden zu entkommen. Wieder anderen wird schmerzlich bewusst, dass sie allein sind und nicht wissen, mit wem sie feiern könnten. In allen Menschen aber schlummert die Sehnsucht, zu anderen Menschen dazuzugehören und nicht allein gelassen zu werden. Das auszudrücken und einzugestehen, fällt vielen Menschen schwer.

Aber gerade die liturgischen Texte und die Lieder der Adventzeit haben genau das zu ihrem Inhalt. Es ist der Ruf der Kreatur, nicht allein gelassen zu werden. „Oh, Heiland, reiß die Himmel auf!", heißt es da in einem der ältesten Adventlieder, „herab, herab vom Himmel lauf!" In Peter Handkes „Langsame Heimkehr" findet sich eine Textstelle, deren Inhalt mich an die liturgischen Liedtexte der Adventzeit erinnert: „Ich will kein im Jammer Verschwindender, sondern ein mächtiger Klagekörper sein. Mein Ausruf ist: Ich brauche dich! Aber wen rede ich an? Ich muss zu Meinesgleichen! Aber wer ist Meinesgleichen? In welchem Land? In welcher Stadt?"[50]

Ist es nicht so, dass der Mensch ein Leben lang auf der Suche ist nach einem Gefährten, der zu ihm passt und zu ihm hält, mit ihm geht und ihn versteht? Weihnachten ist so gesehen ein Fest gegen die Finsternis des Herzens und damit ein Fest gegen die Sprachlosigkeit. Ein Fest der Zuversicht, ein kleiner Lichtblick, und sei es auch nur ein Silberstreif der Hoffnung am Horizont, ein kleines Licht gegen die Dunkelheit der Welt durch ein Wort, ein Lied, ein Zeichen des Wohlwollens, der Akzeptanz, der Wertschätzung, der Achtsamkeit.

Kurt Tucholsky vermutet, dass die meisten Menschen Weihnachten feiern, weil die meisten Menschen Weihnachten feiern. Vielleicht aber gibt es auch Menschen, die Weihnachten und all die anderen Feste im Lauf ihrer Jahre deshalb feiern, weil sie die Menschen lieben und an den Menschen glauben. An den Schluss seines Buches mit dem geradezu weihnachtlichen Titel „Hoffnung Mensch. Eine bessere Welt ist möglich" stellt Michael Schmidt-Salomon sein „alternatives Glaubensbekenntnis", das er angelehnt an das Credo eines Humanisten von Erich Fromm formuliert. Mit Erich Fromm ist der Autor davon überzeugt, dass der Mensch in jeder Kultur alle Möglichkeiten vorfindet. Er ist der archaische Mensch, das Raubtier, der Kannibale, der Götzendiener und er ist zugleich das Wesen mit der Fähigkeit zu Vernunft, Liebe, Gerechtigkeit und produktivem Tun. Er kann, wenn er will! Auf diese Weise werden die Bedürfnisse der Gesellschaft in persönliche Bedürfnisse verwandelt und werden so zum Charakter der Gesellschaft. Mehr denn je braucht diese Welt solche Perspektiven der Ermutigung. Im Blick auf eine Welt mit Wirtschaftskrisen, Klimakatastrophen, Ressourcenknappheit und einer nicht mehr überschaubaren Völkerwanderung von Millionen Menschen auf der Suche nach Möglichkeiten für das nackte Überleben klingt Schmidt-Salomons „Credo" wie ein jedem Menschen gewidmetes sozialpolitisch engagiertes Weihnachtslied:

Ich glaube an den Menschen
Den Schöpfer der Kunst
Und Entdecker unbekannter Welten

Ich glaube an die Evolution
Des Wissens und des Mitgefühls
Der Weisheit und des Humors

Ich glaube an den Sieg
Der Wahrheit über die Lüge
Der Erkenntnis über die Unwissenheit
Der Phantasie über die Engstirnigkeit
Und des Mitleids über die Gewalt

Ich verschließe nicht die Augen
Vor den Schrecken der Vergangenheit
Dem Elend der Gegenwart
Den Herausforderungen der Zukunft.

Aber ich glaube
Dass wir bessere Wege finden werden
Um das Leid zu vermindern
Die Freude zu vermehren
Und das Leben zu bewahren.

Ich glaube an den Menschen
Der die Hoffnung der Erde ist.
Nicht in alle Ewigkeit
Doch für Jahrmillionen.[51]

Weiß

Die Summe aller Farben des Regenbogens ist „weiß". Wir verbinden damit „hell", „rein", „klar", „unschuldig" „ohne Hintergedanken". Wir reden vom „sich weiß waschen" oder von der „weißen Weste", um unsere Unschuld zu beteuern und sie „schwarz auf weiß" zu belegen. Wir hissen die „weiße Fahne", um den erfolgreichen Abschluss aller Maturanten sichtbar zu machen, oder aber, um bei Verhandlungen friedliche Absichten zu signalisieren. „Schneeweiße Haare" bedeuten nicht nur, dass einer in die Jahre gekommen ist, sie stehen für Weisheit, Erfahrung und Respekt. „Weiß", das kann aber auch „nicht bunt" bedeuten, nicht die Summe aller Farben, sondern: farblos, leblos, leichenblass; unerforschtes Gebiet als „weißer Fleck" auf einer Landkarte, frischer Schnee überm Land, unbeschriebenes Blatt, *tabula rasa* ... In der Offenbarung des Johannes sieht der Seher von Patmos die 24 Ältesten in gleißendem Licht, in strahlend weißen Gewändern, so weiß, wie sie kein Wollfärber machen kann. (Off 7,13). Dem

Christen wird bei seiner Taufe ein solches weißes Kleid überreicht als Wunsch, dass sein Leben gelingen möge, dass das Klare und Helle das Dunkle überstrahle.

Weltmaschine

Am 13. Mai 2015 wäre Franz Gsellmann (1910–1981) 105 Jahre alt geworden. Der einfache Bauer aus der Einschicht in Edelsbach bei Feldbach in der Oststeiermark verlässt nur ein einziges Mal in seinem Leben die Steiermark. Als 48-Jähriger fährt er im Jahre 1958 nach Brüssel zur ersten Weltausstellung nach dem Zweiten Weltkrieg. Mit seinem Rucksack macht er sich auf die Reise, streng geheim, um in der Nachbarschaft nicht unnötiges Kopfschütteln zu erzeugen. Mit offenem Mund steht er vor dem Atomium, der 165-milliardenfachen Vergrößerung einer Eisenkristallstruktur, die heute noch an diese Weltausstellung erinnert und als Wahrzeichen Brüssels gelten kann. Nach Edelsbach zurückgekehrt, beginnt er mit dem Bau einer „Weltmaschine", an der er bis zu seinem Tode im Jahre 1981 bastelt und werkt. 23 Jahre lang klappert er die Flohmärkte bis Graz ab, sammelt von den Nachbarn Weggeworfenes oder unnütz Gewordenes ein. 2000 Teile stehen ihm schließlich zur Verfügung, mit denen er seine Weltmaschine baut. Ihr Zentrum ist das nachgebaute Kleinatomium, umfangen von einem aus Hula-Hoop-Reifen gebildeten Globus. Der Äquator ist mit Lämpchen bestückt und das Kernstück wird auch akustisch zum beherrschenden Teil durch Vogelpfeifen. Franz Gsellmann baut in 23 Jahren 25 Motoren, das Schwungrad aus dem Gebläse einer Orgel, Mixer, Reste von Haartrocknern, Kartoffelkörbe, Entlüftungen oder Ventilatoren von Porsche- und Jaguarautos zu seiner „Weltmaschine" zusammen. Von den Menschen seiner Umgebung wird dieser kreative Mann als armer Schlucker und als Spinner verlacht. Zum Leben reicht ihm das Geld fast nicht, weil er alles in sein Herzensprojekt investiert. Stolz präsentiert mir Franz Gsellmann junior, der Enkel des

Erbauers und heutige Betreiber der Weltmaschine, den Raum, in dem das Wunderding steht. Alles dreht sich, bewegt sich, leuchtet und blinkt. Es klingelt, rasselt, läutet, pfeift und quietscht. Der ganze Kosmos jubiliert. Die Maschine lebt als Lebenstraum ihres Erbauers und bewegt die Besucher. Fernsehteams aus der ganzen Welt pilgern immer wieder nach Edelsbach. Auch Jean Tinguely (1925–1991) ist gekommen, der mit seinen beweglichen, maschineähnlichen Skulpturen als Erster einen zeitgemäßen Ausdruck des Maschinenzeitalters zu schaffen wusste und damit Weltruhm erlangte. Ein runder Spiegel in der Weltmaschine verrät den Beweggrund ihres Erbauers: „MIT MÜCH UND BLARG HARB ICH GEBAUT. FÜR DAS SO KURZE LEBEN. GOTT WIRT MICH IN DER ANTERN WELT EINE SCHÖNERE ARBEIT GEBEN. G.1969 F."

Wunder

Täglich geschehen Wunder. Wunder über Wunder, tagtäglich auf Schritt und Tritt. Ich sehe sie nur nicht, weil die Augen des Herzens in ihrer selektiven Aufmerksamkeit auf etwas anderes gerichtet sind. Ein Wunder ist ein „Berührt-werden-von-innen-her"! Sprach-spielerisch kann man durchaus sagen, dass ein Wunder eine innere Wunde ist, eine Öffnung von innen, aus der heraus sich mehr Fragen ergeben, als Antworten darauf gefunden werden können. Und überall dort, wo ich mit meiner Neugier etwas verstehen will, aber zum letzten Kern dessen, worum es da geht, nicht vordringen kann, dort beginne ich davon zu sprechen, dass ich mich wundere. Das kann mich negativ berühren, unsicher machen oder aber es berührt mich zutiefst, lässt mich nicht ohnmächtig hilflos zurück, sondern öffnet mir eine neue Dimension der Wahrnehmung. Vielleicht ist das Wunder die Öffnung, aus der uns alles, was uns anrührt, entgegenkommt. Das gilt für die Wissenschaft, für die Kunst, für die Religion, aber vor allem und bis zuletzt für das tägliche Leben jedes Menschen.

Gerade dadurch wird es nämlich plötzlich nicht mehr „alltäglich", sondern „wunderbar"!

Wunder sagen mir: „Schau her, auch das ist möglich!" Wunder sorgen für einen staunenden Blick, für neu erlebte Sinnlichkeit, für einen offenen Mund, dem die Worte nicht einfallen! Gerade diese „Wortlosigkeit" gibt dem Wunder die tiefste Anerkennung. Auch der Liebende ringt vergeblich ums Wort. Und hat er ein schönes und stimmiges Wort gefunden, fürchtet er, wenn er es ausspricht, dass es weit hinter dem zurückbleibt, was er soeben zu umschreiben versucht hat. Übrig bleibt sprachloses Staunen. Diese Art des Staunens ist wohl die sicherste Art und Weise, sich nicht mit dem Schöpfer eines Kunstwerkes und zuletzt mit dem Schöpfer überhaupt zu verwechseln. Wer staunt gibt zu, dass das, was er da bestaunt, nicht von ihm ist. Solches Staunen, von Menschen in unterschiedlichsten Lebenslagen praktiziert, könnte eine wohltuend gemeinschaftsstiftende Wirkung haben, ein soziales Psychopharmakon darstellen. Wer staunt, kreist nämlich nicht um sich, er geht aus sich heraus und wertschätzend anerkennend auf das Werk anderer zu!

Im Herzen jedes Menschen gibt es eine Wunderkammer, jenen heiligen Bezirk, wo die Erlebniskostbarkeiten aufbewahrt werden und bei jeder kleinsten Erinnerung daran im Gesicht dieses Menschen ein dankbar staunendes Lächeln erzeugen. Die im Mittelalter entstandene „Wunderkammer" in Fürstenhöfen und Königshäusern hatte ja auch gerade diese Funktion: Schönes, Kostbares, Staunenswertes sicher aufzubewahren und zugänglich zu halten, sie aber dabei vor Diebstahl und sonstigen Gefahren zu bewahren. Solche Wunderkammern waren ursprünglich die Keimzellen für das, was wir heute „Museum" nennen. Wir schaffen Räume, in denen wir Objekte, Gegenstände von hohem Interesse dadurch wertschätzen, dass wir sie zugänglich machen und Menschen einladen, diesen Raritäten, Kunstwerken, Objekten und Gegenständen zu begegnen, uns von ihnen verzaubern zu lassen. Wer sich bei solcher Verzauberung die Zeit nimmt, die er braucht, um auch nur annährend erahnen zu können, was sich im Künstler bei der Fertigung seines Werkes ereignet haben mag, der geht aus dieser Begegnung verwandelt hervor. Sein Horizont hat sich erweitert, er ist reicher, erfahrener, vielleicht auch eine Spur nachdenklicher. Wenn er dabei das Glück hat, staunen zu können, hat ihm dieser Moment die Augen geöffnet für etwas, das er so in diesem Kontext noch nie gesehen hat. Und genau davon berichtet er dann den Daheimgebliebenen: „So etwas hab ich noch nie gesehen!" Und damit weiß er aus tiefster Erfahrung besser als je zuvor, dass wir Menschen eine unstillbare Sehnsucht nach Originalität haben, nach Weltpremiere, nach Unverwechselbarkeit. Darum werden Wiederholungen so schnell langweilig. Unverwechselbares hingegen bleibt kostbar.

wwww
Mit wem ich wo in Wien wohne

In meiner Nachbarschaft, im achten Bezirk, in der Wiener Josef-stadt, lebten ein begnadeter Logiker, zwei engagierte Mediziner, zehn Musiker und elf Dichter.

Der Logiker ist Kurt Gödel (1906–1978), der als Student der Mathematik und Philosophie von 1924 bis 1927 in der Florianigasse 42, vom 4. 7. 1928 bis zum 5. 11. 1929 in der Lange Gasse 72 und später von 1930 bis 1937 in der Josefstädter Straße 43–45 wohnt und dort seinen berühmten „Unvollständigkeitssatz" entwickelt, die bedeutendste mathematische Entdeckung des zwanzigsten Jahrhunderts.

An die beiden Ärzte erinnert in der Florianigasse 8 links vom Eingang in das Bezirksgericht Josefstadt eine Marmortafel mit goldenen Lettern. Im Jahre 1909 wohnt hier einer der größten Helfer der Menschheit des 20. Jahrhunderts. Der am 14. 1. 1875 geborene Elsässer, Doktor der Theologie, Philosophie und Medi-zin, gibt 1913 seine gesicherte Existenz auf und wirkt seither in selbstloser Weise als Arzt im Urwald Äquatorialafrikas. Albert Schweitzer erhält 1952 den Friedensnobelpreis. Im selben Haus wohnt zwischen 1886 und 1895 der polnisch-jüdische Augenarzt und Philologe Ludwik Lejzer Zamenhof (1859–1917), dem die Welt die internationale Sprache Esperanto verdankt.

Der erste der elf Dichter ist Heimito von Doderer (1896–1966). Er lebt von 1938 bis 1956 in der Josefstadt, in der Buchfeldgasse 6 im Atelier der Malerin Trude Waehner. Mit der „Strudlhofstiege" gelingt ihm 1951 sein erster großer Erfolg. Josefstädter Lokale wie das Wirtshaus „Blauensteiner" und die Kaffeehäuser „Rathaus", „Eiles" und „Hummel" sind von großer Bedeutung für Doderers tägliches Leben.

Franz Karl Ginzkey (1871–1963) arbeitet von 1897 bis 1912 als Beamter am Militärgeographischen Institut am Friedrich-Schmidt-Platz 3. Zu seinen bekanntesten Werken zählen die Kinderbücher „Hatschi Bratschis Luftballon" und „Florians wundersame Reise über die Tapete". Er wohnte in der Lange Gasse 25 und ab 1945 am Hamerlingplatz 4.

Fritz Hochwälder (1911–1986) besucht vier Klassen des Gymnasiums in der Albertgasse. Bis zu seiner Flucht in die Schweiz im Jahr 1938 wohnte er in der Lange Gasse 63. Im Jahre 1874 wohnte auch der große Schweizer Dichter Gottfried Keller (1819–1890) hier, schräg gegenüber dem Theater in der Josefstadt, wie die Marmortafel des Hauses Josefstädter Straße 17 seit dem 60. Todestag des Dichters im Jahre 1950 verrät.

Alma Johanna Koenig (1887–1942) ist vor allem mit historisch-psychologischen Romanen erfolgreich. Bis 1927 wohnt sie in der Schmidgasse und von 1927 bis 1938 in der Pfeilgasse 47–49. Nach dem „Anschluss" lebt sie im Untergrund und muss oft ihre Unterkunft wechseln. Am 22. Mai 1942 wird sie verhaftet und nach Minsk deportiert, wo sie im selben Jahr stirbt. Max Mell (1882–1971) wächst in der Josefstadt auf und besucht die Volksschule der Piaristen. Zu seinen wichtigsten Werken zählen „Das Apostelspiel", „Die Sieben gegen Theben" und „Jeanne d'Arc".

In der Florianigasse 10 lebt bis zu seinem Tode Emanuel Schikaneder (1751–1812), der Dichter der „Zauberflöte" und der erste Direktor des Theaters an der Wien. Von 1885 bis 1897 wohnt

Moritz Szeps (1835–1902) im Palais Damian in der Lange Gasse 53. Er ist von 1855 bis 1867 Chefredakteur der ehemaligen *Morgenpost*, die unter seiner Führung den Namen *Wiener Tagblatt* erhält. Auch das Leben von Anton Wildgans (1881–1932) ist eng mit der Josefstadt verbunden. Am Eingang zum Piaristengymnasium befindet sich eine Wildgans-Gedenktafel. Im Schönbornpark wird 1934 die Wildgans-Eiche gepflanzt. Im Weghuber-Park nahe dem Volkstheater steht eine Anton-Wildgans-Büste.

Einem meiner Schriftstellernachbarn begegne ich jedes Mal, wenn ich meine Praxis in der Kochgasse 7 verlasse. Auf der anderen Straßenseite in der Kochgasse 8 bekundet eine Marmortafel, dass „dieses Haus von 1907 bis 1919 Heim und Wirkungsstätte des Dichters Stefan Zweig (1881–1942)" war.

Ein paar Häuser weiter, in der Schönborngasse 1, lebte seit 1995 die letzten Jahre seines Lebens H. C. Artmann (1921–2000) und starb dort in der Nacht vom 4. auf den 5. Dezember 2000. Die Tafel in der Schönborngasse 1, die an ihn erinnert, zitiert vielleicht den schönsten Satz aus seinem Werk:

SONNE
du hausfrau im himmel
auf erden du nachbarin
unser

Bei den zehn Musikern in meiner Josefstädter Nachbarschaft reicht der beeindruckende Bogen vom „lieben Augustin" über Josef Bayer, Anton Bruckner, Josef Matthias Hauer, Edmund Guschelbauer, Josef Lanner, Johann Strauß Vater und Sohn, Franz von Suppé bis hin zu Wolfgang Amadeus Mozart:

Josef Bayer (1852–1913), k. u. k. Hofkapellmeister,
Komponist des Balletts „DIE PUPPENFEE",
wohnt bis zu seinem Tod im März 1913
in der Florianigasse 40.

Rechts vom Haupteingang in die Piaristenkirche liest der aufmerksame Besucher, dass an der Orgel dieser Kirche am 21. November 1861 Anton Bruckner seine praktische Kompositionsprüfung abgelegt hat. Johann Herbeck, der spätere Hofkapellmeister, fasst das Ergebnis in die denkwürdigen Worte: „Er hätte uns prüfen sollen."

Josef Matthias Hauer (1883–1959) wird in Wiener Neustadt als Sohn eines Gefängnisaufsehers geboren. Von 1908 bis 1912 ist er als Musiklehrer am Wiener Neustädter Gymnasium tätig. Wegen seiner angegriffenen Gesundheit wird er 1919 in den Ruhestand versetzt. Ab 1915 lebt er im Haus Josefstädter Straße 74, das seiner Frau gehört. Ab 1911 entwickelt er noch vor 1912 ein System zur Zwölftontechnik. Neben seinen Kompositionen veröffentlicht er zahlreiche theoretische Schriften. Zu seinen Ehren wird ein Platz in der Josefstadt nach ihm benannt.

Der bekannte Volkssänger Edmund Guschelbauer (1839–1912) wird im Findelhaus in der Alser Straße 21–23 geboren. Gemeinsam mit Louise Freitag bildet er ab 1883 ein erfolgreiches Duo. Den größten Erfolg feiert er mit dem von Johann Sioly komponierten Lied „Alte Drahrer".

Josef Lanner (1801–1843), der berühmte Tanzgeiger, Kapellmeister und Komponist, wohnt zeitweise in der Lerchenfelder Straße 58, in der Alser Straße 43 und in der Lange Gasse. Lanner spielt oft in den Sträußelsälen des Theaters in der Josefstadt. Der musikalische Autodidakt gilt gemeinsam mit Johann Strauß Vater als Begründer des Wiener Walzers.

Johann Strauß Vater (1804–1849) lebt als Junggeselle in der Lange Gasse 24. Ab 1829 tritt der Komponist und Kapellmeister jeden Freitag in den Sträußelsälen auf. 1843 spielt er auch bei deren Wiedereröffnung.

Johann Strauß Sohn (1825–1899) wird in der Lerchenfelder Straße 15 geboren. Gegen den Willen seines Vaters schlägt er eine Musikerlaufbahn ein, wird dabei aber von seiner Mutter unterstützt. In erster Ehe ist er mit der Josefstädterin Henriette Treffz verheiratet. Später heiratet er noch zweimal. Ebenso wie sein Vater gibt er Konzerte in den Sträußelsälen und in der Vergnügungsstätte „Zum grünen Tor" in der Lerchenfelder Straße 14.

Franz von Suppé (1819–1895) heißt eigentlich Francesco Ezechiele Ermenegildo Cavaliere Suppè-Demelli und wird in Split in Kroatien geboren. Ab 1835 lebt er in Wien. Von 1840 bis 1845 ist er am Theater in der Josefstadt engagiert. Er gilt als Wegbereiter der Wiener Operette. Das Klavier von Franz von Suppé steht heute im Bezirksmuseum Josefstadt.

Ein paar Gassen weiter in Richtung Mariahilfer Straße, nicht mehr im achten, schon im siebten Bezirk, hatte im Jubiläumsjahr 1978 der Verein „Mozart und Du" in der Myrthengasse 3 eine Inschrift angebracht:

„In diesem Haus hat
Wolfgang Amadeus
MOZART
am 27. 8. 1778 auf seiner
3. REISE NACH PRAG
nicht übernachtet."

Wer heute in der Myrthengasse 3 vorbeikommt, sucht vergeblich nach dieser Inschrift. Der humorlose Besitzer hat zu Beginn des Jahres 2015 eine Baufirma damit beauftragt, die Fassade des Hauses zu renovieren. Und schon ist der Hinweis auf Mozart für ewig verschwunden. Auch das gehört zu einer Stadt. Menschen kommen und Menschen gehen. Ihre Spuren, die sie hinterlassen, werden nicht nur durch Baufirmen weggewischt.

Zwei Brüder

Nur die „Goldene Regel" bräuchten sie sich merken und mit in ihr Leben nehmen, „predigte" ich all meinen Schülerinnen und Schülern im Gymnasium in Spittal an der Drau, in Tanzenberg, in der Haushaltungsschule, wie auch Büro- und Verwaltungsschule in St. Georgen am Längsee. Diese „Goldene Regel" sollten sie sich ins Herz schreiben! Sie geht auf die Bibel zurück und lautet: „Was du nicht willst, das man dir tu, das füg' auch keinem andern zu"; oder positiv formuliert: „Behandle deine Mitmenschen so, wie du von ihnen behandelt werden willst." (Tob 4,16; Mat 7,12; Luk 6,31) Oder, wie die rabbinische Tradition das biblische Liebesgebot übersetzt: „Liebe Deinen Nächsten, er ist wie du!" Oder aber in der Form, wie die Kahunas, die Priester Polynesiens, ihr „Gesetz der Harmonie" beschreiben: „Verletze niemanden, störe nicht die Harmonie eines anderen, denn der andere bist du selbst."

Diese Regel verlangt somit von einem Menschen, dass er sich vor jeder konkreten Einzelentscheidung in die Lage des oder der von ihr Betroffenen versetzen soll, um zu prüfen, ob er die Entscheidung auch dann gutheißen könnte, wenn ein anderer sie fällen würde und er dadurch unmittelbar oder mittelbar davon betroffen wäre. Die „Goldene Regel" ist nicht selber eine moralische Norm, sie fungiert lediglich als Maßstab von moralischen Normen, das heißt, sie schreibt nicht inhaltlich vor, was im Einzelnen getan werden soll, sie „gebietet" vielmehr rein formal, wie generell gehandelt werden muss, damit die Handlung als moralisch anerkannt werden kann.

Wer so aus moralischer Kompetenz handelt, vermag Rechenschaft abzulegen über die Gründe seines Tuns, wobei der letzte Grund aller Gründe die Freiheit ist, die sich um der Freiheit aller willen an Normen und Werte bindet, durch die der größtmögliche Freiheitsspielraum ermöglicht wird. Moralisch kompetent ist ein mündiger Mensch erst dann, wenn er seine Entscheidungen nicht nur gegenüber sich selbst, sondern auch gegenüber seinen Mitmenschen zu verantworten vermag.

Das führt mit etwas Glück in die wunderbare Erfahrung: „Anderen helfen zu können, hilft dir! Andere tragen zu können, trägt dich!" Wer das einmal am eigenen Leib erfahren hat, rechnet nicht mehr, er weiß, dass er durch das, was er aus freien Stücken „ungeschuldet" anderen tut, selbst beschenkt wird, wie zwei Brüder, von denen erzählt wird, dass sie miteinander den von ihren Eltern geerbten Bauernhof bewirtschaften und am Ende den Ertrag der Ernte geschwisterlich teilen. Des Nachts können beide nicht schlafen. Der eine Bruder denkt: „Mein Bruder hat eine große Familie, während ich allein bin. Er braucht mehr als ich zum Leben. Ich will um Mitternacht, wenn mich niemand sieht, etwas von meinen Garben in seine Scheune tragen …" Der andere Bruder denkt: „Mein Bruder ist allein. Im Alter wird er niemanden haben, der für ihn sorgt. Damit er jetzt schon besser vorsorgen kann, will ich um Mitternacht, wenn mich niemand sieht, etwas von meinen Garben in seine Scheune tragen." Und so begegnen einander kurz nach Mitternacht die beiden Brüder auf halbem Weg zwischen den beiden Scheunen – jeder in seinen Händen mit den Garben für den anderen …

Zwischenzeilenleser

Bilder der Natur, Wurzelwerk, Blätter, ein Landschaftszug und dahinter Fabelwesen, Märchenfiguren, Versatzstücke aus religiösen Fantasien. Eine ganz neue Landschaft hinter einer Landschaft, die zunächst jeder wahrnehmen kann.

Das bietet die künstlerische Landschaft von Franz Huemer, der als Eigenbrötler, als Sonderling, als Grenzgänger, als „Briefträger der Natur", wie er sich selbst bezeichnet, und als „Zwischen-Zeilen-

Leser" auf eine Welt hinter der sichtbaren Welt aufmerksam macht. Franz Huemer wurde 1924 in Feldkirch, Vorarlberg, geboren. Die letzten Jahre seines Lebens lebt er an der Schweizer Grenze in einem Bahnwärterhäuschen als seinem Paradies-Ort. Und von dort zieht er aus und nimmt Gegenstände aus der Natur auf, Fundstücke, die er bearbeitet und dadurch eine dahinterliegende Welt freilegt. Er macht verborgene Zeichen aus dem Paradies sichtbar. „Ich lege nur frei, was eh da ist", sagt er.

Angefangen hat Franz Huemer diese Art der Wahrnehmung, seine Kunst des Zwischen-den-Zeilen-Lesens und Hinter-den-Zeichen-Sehens nach einem klinischen Aufenthalt mit der Diagnose Schizophrenie, der „Krankheit mit den zwei Gesichtern". Er findet einen zerknüllten Papierknäuel auf der Straße und entdeckt in diesem Papierknäuel eine Kreuzigungsgruppe. Das ist sein erstes, auch in der Kunstwelt anerkanntes Kunstwerk. Mit einem Gesicht sieht er den Papierknäuel, mit dem anderen wie durch einen Türspaltblick eine andere Wirklichkeit. Diese legt er offen, zeigt sie anderen, offenbart sie im besten Sinn des Wortes. Wer Franz Huemers Kunst betrachtet, weiß sich eingeladen, auch auf die Suche zu gehen nach dem, was sich hinter seinen Alltagserfahrungen verbergen mag. Wer nur lang genug hinsieht und gründlich genug dranbleibt, dem eröffnet sich kraft seiner Fantasie eine neue Welt, die Welt hinter der Welt, zu der die Kunst seit Menschengedenken verlässliche Zuwege freizulegen vermag. Die größte Herausforderung für den Künstler liegt wohl darin, Menschen aus ihrer Komfortzone zu locken, sie zu berühren und ihren Lebensstil zu hinterfragen. So gesehen verändert Kunst nicht nur die Räume, in denen sie präsentiert wird, sie verändert auch die Menschen, die sich ihr aussetzen.

Franz Huemers Kunst eignet sich nicht zur „Behübschung" der eigenen vier Wände, wohl aber zur Horizonterweiterung im weiten Land der Seele. Seine Kunst macht nachdenklich, lockt weg aus der Normalität des Alltags und führt in das große Feld zwischen Kunst und Psychiatrie. Wer dorthin gerät, wird zum

Grenzgänger, zum Zwischenzeilenleser, zum Briefträger aus einer anderen Welt. Man kann durchaus sagen, dass Künstler „Verrückte" sind. Sie laden ein, Scheuklappen abzulegen und im besten Sinn des Wortes den Blick zu ver-rücken.

Am 5. Februar 2012 habe ich über diese meine Gedanken zu Franz Huemer eine „Was-ich-glaube-Sendung" im ORF gestaltet. Am 1. Oktober erreicht mich dazu eine E-Mail, in der mir Mirko Simoni, der Neffe des Künstlers und sein Sachwalter, mitteilt, dass Franz Huemer am 26. September 2012 verstorben sei. Er hatte Anfang Mai einen Schlaganfall erlitten und sich von diesem nie wieder erholt. Zwei Jahre später bekomme ich besondere Weihnachtsgrüße aus Vorarlberg. Mirko Simoni erinnert mich daran, dass mein ORF-Beitrag der letzte Bericht im Fernsehen gewesen ist, den Franz noch sehen konnte.

Er schreibt mir:

„In Gedanken sehe ich ihn noch immer, wie er gebannt auf den Bildschirm schaute und Ihren Worten lauschte … Aus Pietätsgründen habe ich in den vergangenen zwei Jahren darauf verzichtet, Werke zu verkaufen (obwohl die Beträge, die geboten werden, tatsächlich beeindruckend sind und jemanden wie mich schon nervös machen können).

Aber auch Franz verzichtete zeitlebens darauf, Skulpturen oder Grafiken zu verkaufen – Geld interessierte ihn nicht (mehr noch: Er bevorzugte ein Leben in Armut – obwohl er in den besten Museen ausgestellt und vom legendären Ausstellungsmacher Dr. Harald Szeemann beraten/gefördert wurde und sensationelle Preise kassieren hätte können). Er betrachtete seine Werke (aber auch Felswände etc.) bekanntlich als eigenständige Lebewesen/Freunde, denen er auch gewisse Kräfte zudeutete – und Freunde kann man eben nicht verkaufen."[52]

Zu guter Letzt

Ein Mensch, der eines Tages an einem Zweig die Puppe eines Schmetterlings entdeckt, ist neugierig, welcher Schmetterling wohl herausschlüpfen würde. Er beobachtet die Puppe. Und tatsächlich ... bald wird eine kleine Öffnung sichtbar und der Mensch beobachtet über viele Stunden, wie sich der Schmetterling abmüht, seinen Körper durch die schmale Öffnung zu zwängen. Nach einer gewissen Zeit erscheint es dem Menschen, als ginge es nicht mehr weiter. Es sieht so aus, als ob der Schmetterling keine Kraft mehr hätte und es nicht mehr weiterginge. So fasst dieser Mensch den Entschluss, dem Schmetterling zu helfen.

Vorsichtig vergrößert er das Loch in die Puppe. Der Schmetterling ist dadurch schnell befreit. Aber irgendetwas stimmt nicht. Der Schmetterling hat einen geschwollenen Körper und verschrumpelte Flügel. Der Mensch beobachtet den Schmetterling weiterhin, in der Erwartung, dass sich der Körper langsam zusammenzieht und dass sich die Flügel entfalten. Aber nichts dergleichen geschieht. Der Schmetterling krabbelt mit seinem dicken Körper herum, hat deformierte Flügel und ist nicht fähig zu fliegen.

Was der Mensch in seiner Hilfsbereitschaft und Ungeduld nicht versteht ist: Die Natur sieht vor, dass Wandlungsprozesse immer mit Anstrengungen und oft auch mit Schmerzen verbunden sind. Durch die Anstrengung, die der Schmetterling unternehmen muss, um die Puppe zu verlassen, wird die Flüssigkeit im Körper des Schmetterlings in die Flügel befördert, sodass er die Fähigkeit zum Fliegen erreicht, sobald er sich endgültig von seiner Hülle befreit hat.

Manchmal sind Anstrengungen und das Überwinden von Hindernissen genau das, was der Mensch in seinem Leben braucht – auch wenn er im Moment der Herausforderung dies nicht als wünschenswert, gerecht und angenehm empfindet. Aber im Blick zurück weiß er, was das alles zu bedeuten hat: Er bittet um Kraft, und es kommen Schwierigkeiten, die ihn stark machen. Er wünscht sich Weisheit, und ihm werden Probleme gegeben, aus denen er erfahren, klug und weise werden kann. Er erhofft sich Wohlstand und entdeckt sein Gehirn und seine Muskelkraft, um damit arbeiten zu können. Er fleht um Liebe, und ihm werden besorgte, unruhige und schwache Menschen gegeben, denen er beistehen kann.

Er bekommt nicht, was er will, aber er hat alles, was er braucht ...

Anmerkungen

1 Ignatius von Loyola: Die Exerzitien, in der Übersetzung von Hans Urs von Balthasar. Einsiedeln 1965

2 Ebd. S. 7

3 Zu den Ausführungen vgl. Michel Pastoureau: Blau. Die Geschichte einer Farbe. Berlin 2013, S. 139–142

4 Christine Lavant: Werke in vier Bänden. Band I: Zu Lebzeiten veröffentlichte Gedichte. Göttingen 2014, S. 213

5 Vgl. Hans Weigel (Hrsg.): Christine Lavant. Und jeder Himmel schaut verschlossen zu. Wien – München 1991, S. 30–31

6 Christine Lavant: Herz auf dem Sprung. Die Briefe an Ingeborg Teuffenbach. Salzburg 1997, S. 14

7 Ebd. S. 22–23

8 Christine Lavant: Werke in vier Bänden. Band I: Zu Lebzeiten veröffentlichte Gedichte. Göttingen 2014, S. 582

9 Ebd. S. 206

10 Vgl. 2 Kor 12,10

11 Erich Kästner: Werke Band II. Wir sind so frei. Chansons, Kabarett, Kleine Prosa. München 2004, S. 194

12 Interview mit Arnold Mettnitzer, geführt von Bernd Melichar, in: *Kleine Zeitung*, 29. April 2012, S. 12–13

13 Marie Luise Kaschnitz: Gedichte, ausgewählt und mit einem Vorwort versehen von Elisabeth Borchers, Insel Taschenbuch 2803, Frankfurt am Main 2002, S. 227–228

14 „arnold mettnitzer im dialog mit marie luise kaschnitz", 2015

15 Vgl. Martin Walser: Ein springender Brunnen. Frankfurt am Main 1998, S. 129

16 Erschienen als Essay in der *Kleinen Zeitung* am Aschermittwoch 2015

17 Fritz Riemann: Grundformen der Angst. München – Basel, 34. Auflage, 2002

18 Frei erzählt nach Friedemann Fichtl und Johann Töller: Werkbrief für die Landjugend 1980/I. In: Geschichten uns wiederfinden. München 1980, S. 64

19 Ingeborg Bachmann: Das dreißigste Jahr. Erzählungen. München 1966, S. 41

20 Vgl. Sarvepalli Radhakrishnan: Die Gemeinschaft des Geistes. Östliche Religionen und westliches Denken. Aus dem Englischen von F. Thierfelder. Darmstadt – Genf, 1. Auflage 1952

21 Erzählt nach Hans Küng: Existiert Gott? München – Zürich 1978. S. 665

22 Andrew Newberg, Mark Robert Waldman: Der Fingerabdruck Gottes. Wie religiöse und spirituelle Erfahrungen unser Gehirn verändern. München 2012

23 Vgl. ebd. S. 205–227

24 Rainer Maria Rilke: Gedichte 1906–1922 (Muzot, 31. Januar 1922). Zitiert in: Rainer Maria Rilke, Die Gedichte. Frankfurt am Main, 7. Auflage 1995, S. 918

25 Vgl. Eugen Drewermann: Tiefenpsychologie und Exegese. Band I. Traum, Mythos, Märchen, Sage und Legende, Ostfildern 1991, S. 13–14

26 Frei erzählt nach Jorge Bucay: Geschichten zum Nachdenken. Zürich 2006, S. 17–21. Vgl. dazu auch Ingeborg Bachmann, Paul Celan: Herzzeit. Briefwechsel. Frankfurt am Main 2008

27 Alle in diesem Text erwähnten Zitate aus dem Buch Hiob folgen der Übersetzung von Martin Buber.

28 Vgl. Alfred Adler: Menschenkenntnis (1927), hrsg. von Jürg Rüedi. Göttingen 2007, S. 199–200

29 Vgl. Wernfried R. Hübschmann: „Einverständnis", zitiert in: Hans Kruppa: Wo ist euer Lächeln begraben. Gedichte gegen den Frust. Frankfurt am Main 1984, S. 154

30 Fjodor Dostojewski: Die Brüder Karamasow. Roman in vier Teilen mit einem Epilog. Erster Band, Berlin und Weimar 1994, S. 421

31 Vgl. Maurice Sendak: Higgelti Piggelti Pop! oder: Es muss im Leben mehr als alles geben. Zürich 1969, S. 9–11

32 Josef Winkler: Roppongi. Requiem für einen Vater. Novelle. Berlin 2007

33 Vgl. Erich Kästner: die letzte Zeile in der zweiten Strophe seines Gedichtes „Die Wälder schweigen", in: Erich Kästner: Werke. Band 1.
München 2004, S. 257

34 Zitiert in Peter Turrini: Ein paar Schritte zurück. Gedichte. Frankfurt am Main 2013, S. 11

35 Zitiert nach Friedrich Nietzsche: Werke in drei Bänden. Hg. v. Karl
Schlechta. Bd. 2. München 1981, S. 558

36 Zitat laut einem Tagebucheintrag des Autors. Quelle nicht mehr
eruierbar

37 Aus: Theresia Oblasser: „Heimkommen". Lyrik, herausgegeben von
Richard Pils, Weitra 2010, S. 7. Abdruck mit freundlicher Genehmi-
gung der Autorin.

38 Mutter Teresa, Brian Kolodiejchuk (Hrsg.): Mutter Teresa. Komm,
sei mein Licht, München 2010, S. 13

39 Frei erzählt nach Heinz Janisch, Silke Leffler: Ich hab ein kleines
Problem, sagte der Bär, München – Wien 2007

40 Ingeborg Bachmann: Das dreißigste Jahr. Erzählungen. München
1966, S. 30

41 Vgl. Ingeborg Bachmann: Werke 4. Essays. Reden. Vermischte
Schriften. Anhang. München 1984, S. 275–277

42 Arnold Schönberg: Aphorismus, in: *Die Musik*. Band IX. Nr. 21,
1909/1910. S. 159–163

43 Deut 28, 3 ff.; in der Übersetzung von Martin Buber

44 Yehudi Menuhin: „Vom Wert des Schweigens"; Rede in der Saint
James' Church, Piccadilly, London, vom 1. Mittwoch in der Fastenzeit 1977

45 Siehe: Arnold Mettnitzer, Liturgie – Sakrament der Ekstase. Die
Heilige Messe als Da-Sein und Ganz-weg-Sein, in: Peter Jan Marthé
(Hrsg): Die Heilige Messe. Kultisch. szenisch. sinnlich. mystisch.
Würzburg 2011, S. 49. Siehe auch: Rolf Toman (Hrsg.): Ars Sacra.
Christliche Kunst und Architektur des Abendlandes von den Anfän-
gen bis zur Gegenwart. Potsdam 2010, S. 584

46 Aus: Peter Handke: Über die Dörfer. Dramatisches Gedicht. Frankfurt am Main 1981, S. 19–20

47 Text von Karl Lappe, vertont von Franz Schubert

48 Koh 3,1–4 (Übersetzung von Martin Buber)

49 Vgl. dazu Martin Buber: Das dialogische Prinzip. Zwiesprache. Heidelberg 1965, S. 160–161

50 Vgl. Peter Handke, Langsame Heimkehr. Erzählung. Frankfurt am Main 1979, S. 141

51 Michael Schmidt-Salomon: Hoffnung Mensch. Eine bessere Welt ist möglich. München – Zürich 2014, S. 330

52 Unter diesem Link finden Sie ein Interview mit Franz Huemer im Schweizer Fernsehen: *http://www.videoportal.sf.tv/video?id= 037bc6f1-c6f5-4d9e-9e55-f91a312ca438*

Zu den Bildern in diesem Buch

Gottfried Mairwöger, Lanson,
1983, Öl auf Leinwand, 148 x 171 cm

Kaleidoskop des Lebens
Vom Morgen- bis zum Abendrot
Vom Zauber des Anfangs bis zur Mitte der Nacht

Fotos: Isabella Schreiner

GOTTFRIED MAIRWÖGER (1951–2003) war als Schüler von Josef Mikl und Wolfgang Hollegha ein wichtiger Vertreter der abstrakten Malerei in Österreich. Arbeiten von ihm in öffentlichen Räumen finden sich in der „Albertina" in Wien, im „Lentos Kunstmuseum Linz", im Alten Rathaus der Stadt Linz, in der Stiegenkirche in Graz (Altarbild), in der „Kunsthalle Düsseldorf", in der „Kunsthalle Kiel", im „Musée d'Art Moderne", Dunkerque, Frankreich und im „Museum of Fine Arts", Boston.

Inhalt

Was hat das älteste Buch der Welt jemandem zu sagen, der - wie der Prophet Elija - mit seinen Plänen scheitert und an seinen Träumen zerbricht?
Vom ersten bis zum letzten Buch der Bibel steht der Lebensweg des Einzelnen im Mittelpunkt. Irrwege, Umwege, Sackgassen werden beschrieben und Erfahrungen berichtet, deren tiefe Wahrheit und Kraft erstaunlich modern wirken und selbst vor den Ergebnissen neurobiologischer Forschungen bestehen.
Der Psychotherapeut und Theologe Arnold Mettnitzer interpretiert die vertrauten Texte der heiligen Schrift aus therapeutischer Sicht völlig neu. Wer so die Bibel liest, wird staunen, wie erfrischend jung sie ist und was sie den Abenteurern des Lebens auch heute noch zu bieten hat!

Arnold Mettnitzer
STEH AUF UND GEH
Die therapeutische Kraft
biblischer Texte

160 Seiten; 12 x 20 cm; Hardcover
ISBN 978-3-222-13421-0

styria premium

Jeder erwachsene Mensch ist einmal Kind gewesen. Dieses Kind hat sich bis zu fünfzig Mal am Tag für etwas restlos begeistern und dabei bis zu vierhundert Mal aus ganzem Herzen lachen können ...

Auf der Suche nach Perspektiven für ein geglücktes Leben führt kein Weg an diesem „Kind in mir" vorbei.

Der Psychotherapeut und Theologe Arnold Mettnitzer reflektiert Erfahrungen seiner Biografie und seiner Berufspraxis, rundet sie mit berührenden Texten der Weltliteratur und der Bibel ab und regt so zum Nachspüren und Weiterdenken an.

Arnold Mettnitzer
DAS KIND IN MIR
Perspektiven eines
geglückten Lebens

124 Seiten; 12 x 20 cm; Broschur
ISBN 978-3-222-13465-4

styria premium

Arnold Mettnitzer, musikalisch am Saxophon begleitet von Edgar Unterkirchner, erzählt Erlesenes und Erlebtes, Geschichten, die berühren, ermutigen, neue Perspektiven eröffnen.
Vom Leben so zu erzählen macht neugierig und lädt ein, ins Gespräch zu
kommen, einander zuzuhören und dabei zu erfahren, dass jeder Mensch jedem Menschen etwas zu sagen hat.

Arnold Mettnitzer
LEBENSWEGE
erlesen & erlebt
Saxophon: Edgar Unterkirchner
Gelesen von Arnold Mettnitzer

CD mit Booklet
ISBN 978-3-222-13501-9

styria premium

ISBN 978-3-222-13511-8

sty🅱**ria**

© 2015 by Styria premium
in der Verlagsgruppe Styria
GmbH & Co KG
Wien · Graz · Klagenfurt
Alle Rechte vorbehalten

Bücher aus der Verlagsgruppe Styria
gibt es in jeder Buchhandlung und
im Online-Shop

styriabooks.at

LEKTORAT: Elisabeth Wagner
UMSCHLAGGESTALTUNG: Bruno Wegscheider
COVERFOTO: Claudia Prieler

DRUCK UND BINDUNG:
Druckerei Theiss GmbH
St. Stefan im Lavanttal
7 6 5 4 3 2 1
Printed in Austria